KB153043

김윤미
희곡집
3

김윤미 희곡집 3

평민사

차 례

서문

 희곡집을 정리하면서, 연극에 대해 생각한다. 아니 정확하게 말하자면 연극을 하는 사람들에 대해서다. 연출가, 배우, 스텝들. 그들이 내 작품을 이해하고 풀어나가는 자세들에서 나는 어떤 낯설지만 꽤 익숙한 풍경들을 본다. 그 몸짓은 내가 작품을 쓰면서 겪었던 혼란, 슬픔, 또는 어떤 고통들이다. 어떤 에너지가 그들의 심연에 화살을 쏘아버린 듯, 발가벗고 비를 맞으며 우는 아이처럼. 내가 이미 지나온 지난 밤의 악몽을 그들이 다시 살려놓을 때, 나는 그들이 안쓰럽다.
 연극이 끝나면 모두들 일상으로 돌아가지만, 내 머리 속에는 연기하는 배우의 환영이 계속 되풀이 된다. 화려한 성공을 꿈꾸지만, 그것이 아니더라도 자신과 부단히 싸우면서 구도자처럼 연기하는 그들을 발견하는 것, 나는 그들과 좀 더 일찍 친구가 되었어야 했다.

 〈오중주〉는 오래 전에 썼고, 공연되기까지도 오랜 시간이 걸렸다. 그동안 열 개의 개작본이 있고, 그 중 몇 개는 사라졌다. 개작

본을 보면서 참 질기기도 하다는 생각이 들었다. 내 안의 어떤 것이 〈오중주〉에 집착케 한 건지 모르겠다. 그러나 처음 쓰던 열정이 식은 뒤에 작품을 만질 때는, 다른 작품들도 그렇지만 고통밖에 없다.

어떤 작품을 책에 실을까 고민하다가 초기 개작품을 선택했다. 무대 공연을 염두에 두고 개작할수록 작품은 앙상한 뼈대만 남은 모델 같다. 희곡은, 어떤 진심으로 배우를 감동시켜야 한다고 생각한다. 그것이 다소 투박하더라도. 그를 움직이게 하니까. 그로 하여금 무대 위에서 자신 속에 숨겨진 또 다른 자신과 희곡 속의 인물과 합성해서 새로운 인물을 창조하게 하니까.

〈오중주〉의 인물들을 쓰는 동안 내 마음 속에서는 깊은 죄의식이 뭉게뭉게 솟아올랐다. 상처를 덧나게 하는 글쓰기는, 더구나 이 희곡을 읽는 사람에게 죄를 짓는 게 아닐지….

억센 사투리를 쓰는 사나운 딸들의 폭발하는 분노를, 악이 다 빠져 해탈한 듯한 유령들을, 그리고 죽음이 다가오는 순간 완전히 혼자인 인물들을, 다시 만들어낼 일은 없을 것 같다.

〈오중주〉는 극단 로얄씨어터의 제16회 정기 공연으로 문예진흥원 예술극장 대극장에서 2003년 1월에 공연되었다. 류근혜 연출로 배우 윤여성, 강태공, 도영희, 김정남, 정수호, 송정화, 한선희, 유안, 박아롱, 박지연, 김원 등에 의해 공연되었다. 그 후 지방

극단에서도 공연되었다. 언제나 그렇지만 공연이 끝나면, 늘 아쉽다. 이 아쉬움으로 다음 작품을 쓰기도 했지만 나는 잠시 걸음을 멈추었다.

〈집으로 가는 길, 1945년 8월〉은 짧은 희곡이다. 공연되지 않았지만, 이 희곡이 공연될 가능성이 있을까 싶어서 책에 싣기로 했다. 이 희곡은 나의 아버지가 해방 후 고향으로 돌아오던 기차 안에서 본 풍경이다. 해방이 개인에게 어떤 감정을 불러 일으키게 한 건지 알고 싶었다. 일제 시대 때 징병이나 징용 간 사람들에게 정부가 보상을 해 준다는 소식에 근면하신 아버지는 열심히 그때의 기억을 내게 풀어 놓으며 써 달라고 하셨다. 징병 갈 때 가져간 물품들을 아직도 보관하고 계셨고, 그 빛바랜 붉은 글씨는 피처럼 섬뜩했다. 아버지는 내가 알고 싶어 하는 것은 이야기 해 주지 않으셨다. 아니 이야기 하고 싶어 하지 않았다. 그때의 복잡한 감정을 지금 이 순간에 풀어내려면 그 순간을 자기 의지대로 존재했어야 가능하다고 생각된다. 전쟁보다는 장티푸스 때문에 병원에서 보낸 시간이 더 많았던 아버지는 조선사람들이 탈출하다가 총살 당했다는 소문을 들었을 뿐, 독립운동은 생각도 못 했었단다. 아버지가 읍사무소에 제출한 징병 간 이야기 속에 이 작품의 줄거리는 전혀 들어있지 않다.

이 희곡은 연극으로 공연될 가능성 보다는 그저 기록한다는 생각으로 썼다. 영화적 장치가 무대와 어울리지 않을 때가 많지만, 집단 광기를 드러내 줄 수 있다는 생각에 무대 배경으로 영화 스크린을 생각하면서 썼다. 그래서 무대는 텅 비게 되었다.

〈왈카와 새롱이〉는 어린이 뮤지컬 〈우주 소년 왈카와 새롱이〉로 샘터 파랑새 극장에서 공연되었다. 겨울방학 특선 뮤지컬로 공연된 이 연극은 김성환 연출, 채희준 작곡, 의상 김은진, 안무 조주경, 배우 이재원, 장원준, 김경환, 양희선, 손소림, 조민제, 안동숙, 김하나 씨가 출연했다. 샘터 파랑새 극장에서 여러 번 재공연된 작품으로 어린이 관객, 초등학생, 중학생까시 관람했었다.

다른 작품도 넣을까 생각하다가 세 작품으로 결정했다. 그리고나니 홀가분하다. '천리길도 한 걸음부터' 라는 단순한 속담처럼, 나 자신의 성실함을 위해 다시 작품을 써야겠다는 다짐을 한다. 다음에는 폭발하는 웃음을 주체할 수 없는 희곡을 쓰고 싶다. 깃털처럼 가벼워서 나비의 꿈을 꾸는 장자처럼 두 생을 동시에 사는 즐거움을 관객에게 선물로 주는 희곡, 그런 희곡을 쓰고 싶다.

오 중 주

등장인물

김기풍_ 아버지
영 순_ 큰 딸
영 화_ 둘째 딸
영 옥_ 셋째 딸
영 진_ 네째 딸
숙_ 유령
이 화_ 유령
금 순_ 유령
상 필_ 김기풍의 사촌, 알코올중독자
권선생_ 한의사.
가면 쓴 검은 유령들 다수.

1

舞 臺

경상북도 안동 부근에 있는 낡은 집.

여러 번의 개축으로 엉성하게 불균형을 이루는 내부.

무대 중앙은 텅 빈 거실로 낡은 샹들리에가 매달려 있다.

왼편은 부엌으로, 싱크대, 6인용 식탁과 의자, 대형냉장고가 객석을 향해 시위하듯 놓여 있다.

무대 중앙 뒤쪽은 현관문으로 통하는 둥근 아치형 입구, 그 옆에 이층으로 오르는 계단이 있고 계단 아래는 눈에 띄지 않는 여닫이 벽장문이 있다. 벽장 안에는 안동소주가 선물상자에 든 상태 그대로 있다. 벽장 옆에는 전화가 놓인 작은 탁자와 의자가 있다.

무대 오른편에는 발코니가 있는 방이 있다. 방 뒤쪽 벽에는 둥근 자물쇠가 채워진 벽장이 있다. 발코니를 감고 있는 장미덩굴은, 그 옆에 폐쇄된 우물 뚜껑까지 뒤덮고 물고기 풍경이 달린 지붕 위에까지 혀를 날름거리고 있다.

집은, 왼쪽부터 땅속으로 침몰해 들어가는 형상이다. 화려한 생명력을 뿜어내는 장미덩굴과 명쾌한 금속성의 물고기 풍경소리로 인해 오히려 비현실적이고 무덤 같은 분위기를 풍긴다.

제 1 막

6월 어느 날 정오.

막이 오르면, 창으로 시시각각 비쳐드는 한낮의 햇살. 휠체어에 앉아 졸고 있는 아버지 김기풍. 그는 고개를 앞으로 푹 꺾고 있다. 마치, 혼절한 듯 넋놓고 있다. 반백의 머리는 잘 빗어 뒤로 넘겨져 있고, 돋보기 안경은 코끝에 걸쳐져 있다. 느슨한 카키색 골덴 바지에 베이지색 털스웨터를 걸치고 있으며 체크무늬 남방 칼라깃이 스웨터 밖으로 구겨져 나와 있다. 무릎에는 신문이 떨어질 듯이 위태롭게 놓여 있다. 잠들어 있지만, 전체적으로 그에게서는 농부의 우직함과, 번뜩이는 직감성, 자기 연민이 짙은 자의 이기주의가 풍긴다. 또한, 고집스러움과 짓궂은 아이같은 면도 보인다. 살아오면서 좀처럼 긴장을 놓지 않은 70대 초반의 노인이 잠시 한순간 엄습한 낮잠에 아이처럼 무방비 상태로 놓여 있다고 생각하면 된다.

바람소리와 함께 물고기 풍경이 서서히 흔들린다…. 정적….

물고기 풍경은 갑자기 살아있는 물고기처럼 무대공간을 헤엄쳐 다닌다. 바닷속같은 조명이 출렁인다. 이것은 노인의 꿈속 풍경이다. 김기풍은 입가에 미소를 띤다.

녹음된 노인의 웃음소리가 나즈막하게 울린다. 노인은 물고기가 되어 웃는다. 행복하고 천진하지만, 힘없이 슬프게 흐느끼는 웃음이다. 이 웃음소리와 물고기 풍경소리가 점점 커진다.

갑자기 짧은 외마디 소리를 지르며 김기풍 눈을 뜬다. 신문은 바닥으로 떨어진다. 물고기 풍경은 천천히 제자리로 돌아간다. 그러나 아버지 김기풍은 잠이 덜 깬 표정이다. 정면을 향해 멍하니 어떤 곳을 바라본다.

노크소리.

김기풍. 대답하지 않고 잠든 척 한다.

상필 등장. 김기풍을 향해 공손하게 모자를 벗어든다. 상필은 약간 머리가 모자란 듯 하지만, 그것은 오랫동안 과음한 탓이다. 얼굴은 검고, 사람을 보면, 습관적으로 웃는다. 웃을 때는 한쪽 입이 찌그러져 끝이 올라가고 약간 떨린다.

상 필　형님, 밤새 안녕하셨어요?

(김기풍은 꼼짝 않는다. 상필 불길하다. 김기풍에게 달려와 코

에 손을 대본다. 손을 떤다. 손을 바로 잡고 대본다. 손을 떤다. 포기하고 김기풍의 코에 볼을 댄다. 다리가 떨린다. 상필은 책장을 열고, 안동소주병을 꺼낸다. 행복하게 냄새를 맡는다. 한 모금만 마시고 뚜껑을 닫는다. 그러나 미련이 남는지 또 한 모금 마신다. 사레가 들려 켁켁거린다. 김기풍, 끄응거리며 신음하다가 다시 잔다. 상필, 놀라서 병을 넣어 놓고 아쉬운 듯 주춤거리다가 다시 자는 것을 확인하고 병째 들어 마신다. 김기풍은 갑자기 눈을 뜬다.)

김기풍   상필아. 아예 다 마셔라.

상 필   (병을 떨어뜨린다) 아, 안 마셨어요. 어구구 아까워라.
(술병을 주워들고 바닥에 떨어진 술을 손으로 쓸어 쩝쩝 맛을 본다)

김기풍   아깝다. 어서 주워 마셔.

상 필   헤헤. (술병을 들어본다) 조금밖에 안 마셨어요.

김기풍   술이 그리 좋으면 다 마셔뿌려라! 실컷 마셔라! 작은 아버지처럼 술 먹다 죽은 귀신이 되고 싶거든 원없이 마셔라.

상 필   (퉁명스럽게) 아버지 얘긴 왜 합니까.

김기풍   우리 집이 왜 망했는 줄 아냐?

상 필   술 좋아 망했다는 말 하려고 그러죠?

김기풍 그래, 이놈아. 니 아버지 사십에 죽고, 우리 아버지 서른에 돌아가신 거 다 술 때문이야. 미련스러워도 유분수지 배가 터지도록 술을 마셨다니 말이 되냐? 뭔 놈의 집구석이 술먹다 죽은 귀신만 득실거리는지 원. 내가 이를 악물고 술을 끊은 것도 그 때문이야. 술만 안 마시면, 쓰러지는 가문을 일으킬 수 있다 생각했지. 명문가가 따로 있는 줄 아냐? 위에서 다 터를 닦고 아랫대가 기둥을 세우고 또 그 아랫대가 지붕을 만들어 명문가야. 피만 양반이면 뭐해. 입이 포도청인데 상놈일 안 하게 생겼냐? 수용이 너처럼 살게 하고 싶거들랑 마셔라 마셔!

상 필 아, 형님! 절 알코올중독자로 취급하지 마세요.

김기풍 얼씨구. 징징 우는 소리 한번 딱하구나. 시계 좀 가져와.

상 필 시계는 뭐 하시게요.

김기풍 에헤! 가져오라면 가져와. 저기 있잖나. 저기 책장 안에.

상 필 (멍하니 괘종 시계를 올려다본다) 저거요?

김기풍 야야, 그건 아니다. 고개를 조금만 내려봐라. (상필, 책장을 향한다) 그래, 똑바로 봐라. (상필, 눈을 껌벅껌벅한다) 앞으로 세 발짝 전진! (상필, 앞으로 세 발짝 전진한다)

그래, 빨간 것이 째깍째깍하제? (상필, 자명종 시계를 잡는다) 됐다. 이리 가져와.

상 필 (자명종 시계를 준다) 시계는 뭐 하려고요?

김기풍 (확인한다) 정확히 12시야. 앞으로 2분 남았어. 약봉지!

상 필 (두리번거린다) 어, 어디….

김기풍 저리 가! 부엌에 가서 물이나 떠와.

상 필 알았어요. (부엌으로 간다)

김기풍 조풍수 말이 맞는 거야. 고조부 묘자리가 영 젬병이거든. 돌산에다 음지라 습하고, 물이 고여 빠지지도 않고, 그러니 집안이 요모양이지. 알코올중독자에 몽달귀신 물귀신 처녀귀신 화냥년에 미친년, 이젠 중풍까지? 오, 지지리 복도 없지. 이런 집안에 태어나 부모 없는 사촌까지 거느려야 하고 여우같은 딸년들 애비 얼굴에 똥칠이나 해대고, 그래 얼마나 벌 받았나 보자. 요년들. 어디 안 오고 못 배길 걸. (일어나 책상 서랍에서 약봉지를 꺼낸다) 내가 멀쩡하다면 요년들 안 올 것이 뻔해. 아무도 모르게 감쪽같이 속여야지. 애비가 다 죽어간다고 했으니 구경이라도 올 거야.

(상필, 물을 따라 들고 거실로 온다.)

상 필　형님, 물 가져 왔어요.

김기풍　(약을 먹는다) 어떠냐? 많이 편찮아 보이지?

상 필　어디가요?

김기풍　얼굴 말이다.

상 필　살이 찐 거 같은데요.

김기풍　부었지, 이게 어디 살이냐!

상 필　아직도 일어나지 못하세요?

김기풍　니 눈에는 (휠체어를 가리키며) 이게 그랜저로 보이냐?

상 필　이상하다. 분명히 걷는 걸 봤는데….

김기풍　(상필의 머리에 꿀밤을 먹이며) 벌써 헛것이 보이냐? 니 나이 몇이냐?

상 필　마흔 여섯요.

김기풍　살도 아는구나. (약을 먹는다. 알람을 맞춰 놓는다) 다음은 정확하게 다섯 시야. 시간을 지켜야 약효가 받지. 어물쩡 넘어가다간 하루에 한 번도 못 먹는다니까. 건망증이 완전 뇌를 정복했어. 일본놈들 전투기 몰듯 사생결단을 내야지, 이러다간 내 이름도 까먹겠어. (시계를 탁자 위에 놓는다) 내 이름이 뭐냐?

상 필　김자 기자 풍자잖아요. 헤헤. 설마 이름을 까먹은 건 아닐 테죠?

김기풍　기풍이 뭐냐? 무슨 돌풍이름 같지 않냐?

상 필 아뇨. 바람이름 같은데요.

김기풍 (고개를 절레절레 흔들며) 니 이름이라도 알고 있는지 어떨 땐 의심스럽다.

상 필 헤헤. 형님, 정말 못 걸어요?

김기풍 딸년들 얼굴 보면 대번에 걸을 거다.

상 필 오긴 올까요?

김기풍 하문! 지들이 안 오고 배기겠냐? 중풍이 심하여, 뇌졸중의 위험에 죽음의 사선을 넘나들고, 수족을 못 쓰고, 휠체어에 의지한다. 요렇게 전화를 넣었겠지?

상 필 야.

김기풍 그래, 뭐라더냐?

상 필 먼저 영순이한테 전화했어요. 맏이니까 말이죠.

김기풍 아서 본론을 말해라.

상 필 이제 말하려고 해요.

김기풍 허허. 참.

상 필 자꾸 그러시면 말을 못하잖아요.

김기풍 알았네. 하던 얘기나 계속해.

상 필 무슨 얘기요?

김기풍 큰애 말이야.

상 필 아, 통화는 못했어요. 웬 여자가 받길래 전해달라고 했어요.

김기풍 뭐야?

상 필 야단치지 마셔요. 영화는 웬 남자가 받아서 전해달라 했고요, 영옥인 딸애가 받길래 전해달라 했고요, 막내 영진이한테는 자동응답기에 녹음해 놨어요.

김기풍 그러니까 한 년도 통화 못했단 말인가?

상 필 그렇지요.

김기풍 (갑자기 울화통이 터진다) 어째 그래! 남편 하나 똑바로 건사하고 사는 딸년 하나 없노! (가슴에 통증을 느낀다) 윽!

상 필 어어… 형님?

김기풍 물.

상 필 아, 형님. 속 썩지 마소. 다른 딸은 다 망해도 막내는 성공했잖아요.

김기풍 (만족스러운 얼굴로) 아, 영진이. 내 눈밝개지. 진흙땅에 내동댕이쳐진 내 자존심을 그나마 건져준 딸이지. (우울하게) 그앤 몸이 약해. 완전한 애가 아니야.

상 필 원래 그런 법입니다, 형님. 작가들은 완전하지 않아야 좋은 글을 쓴단 말입니다.

김기풍 얼씨구. 어디서 많이 듣던 소린데?

상 필 형님이 그랬잖아요.

김기풍 이봐. 몇 시야? 12시 15분 됐냐?

상 필 헤헤. 맞습니더. 정말 형님은 시계예요. 시계.

김기풍 산책할 시간이야. 밀어줘. 한 바퀴 도세. 장마에 습하
니까 탄자병이 걱정이야. 사과는 탄자병이 쥐약이야
쥐약!

상 필 (휠체어를 밀려고 하나 손에 힘이 없다) 저어, 형님.

김기풍 알코올이 빠졌다 이거군. 하긴, 자네야 술이 힘이지.

상 필 헤헤. 딱 한 잔만.

(상필은 주머니에서 오징어를 꺼낸다.)

김기풍 쯧쯧. 이젠 안주까지 달고 다니냐?

상 필 (오징어 다리를 찢는다) 진짜 안동소주는 심장에 불이
확 붙는다니까요. 헤헤. (오징어 다리를 건넨다) 드세요.
형님.

김기풍 됐어.

상 필 조금만 마실 게요, 형님. (돌아서서 마신다)

김기풍 자넬 보면 옛말 그른 거 하나도 없다 싶네.

상 필 (아쉽게 소주병을 제자리에 넣고 휠체어를 민다) 그게 뭔 말
이에요. 형님?

김기풍 굽은 나무 선산 지킨다. 잘난 딸 열보다 병신 아들 하
나가 낫다.

상　필　그럼, 내가 굽은 나무고 잘난 딸입니까?

김기풍　굽은 나무는 맞는데 잘난 딸은 아니야. 자넨, 병신 아
　　　　들이야.

상　필　에이, 형님도 참….

(상필, 비틀거리며 휠체어를 무대 앞으로 밀고 나온다. 바람이
불면서 풍경소리 울린다.)

김기풍　잠깐! 저 나무 언제 벨 텐가?

상　필　시커멓게 타버렸네.

김기풍　자네가 보기에 내가 치맨가?

상　필　우리 마을 강영감님도 누런 벼에다 제초제를 뿌려서
　　　　일 년 농사 다 망쳤잖아요.

김기풍　강영감은 까막눈이야.

상　필　형님은 왜 그러셨어요?

김기풍　(코를 킁킁거린다) 이게 뭔 냄새야?

상　필　(코를 킁킁거린다) 어디요?

김기풍　저기, 부엌으로 우회전! (푸른 조명이 싱크대를 비추면 드
　　　　라이아이스로 가득찬 부엌. 상필, 허겁지겁 김기풍의 휠체어
　　　　를 밀며 부엌으로 간다)

김기풍　문 열어! 문!

(상필, 허우적거리며 창문을 열려고 하지만, 어찌된 셈인지 잘 열렸던 창문이 열리지 않는다. 상필은 필사적으로 문을 당긴다.)

김기풍　문 열어! 문!

(상필, 창틀을 주먹으로 친다. 문이 스르르 열린다. 열린 문으로 바람이 몰아친다. 상필, 가스밸브를 잠근다.)

김기풍　(너무 흥분하여 휠체어에서 일어섰다 앉았다 하며) 에헤! 불 날 뻔했어 불! 순식간에 불귀신 될 뻔했어 불귀신! 불! 불! 불에 타죽다니 말도 안 돼!

(상필, 놀란 눈으로 김기풍을 바라본다. 김기풍, 그제서야 자신이 서 있는 것을 깨닫고 당황한다.)

상　필　어…. 형님….

(김기풍, 갑자기 휠체어에 풀썩 주저 앉는다.)

상 필 섰어요! 섰어!

김기풍 (다시 일어나려 애를 쓰다 주저앉는다) 아유, 안되겠는 데….

상 필 (신이 나서) 다시 해봐요. 형님! 아까 섰어요, 섰어!

김기풍 (화를 내며) 안된다니까 그러네.

상 필 형님, 한 번만 용 써보소.

김기풍 (상필의 머리를 떠밀며) 됐다 이놈아. 니나 술 끊어라!

상 필 불이 무섭긴 무서운가봐요. 형님 다리가 섰잖아요.

김기풍 요 앞 큰 길가에 혼자 사는 최영감 말이다. 가스에 질식해 죽었다더라. 하긴 자리 보존하다 죽는 거 보단 낫지. 안 그러냐? 그렇게 못 죽더라도 최영감처럼 불시에 죽는 게 나아. 죽음에 굴복할 새도 없이 말야.

(전화벨, 요란하게 울린다. 김기풍이 전화받는 동안 상필은 안동소주를 마신다. 서서 마시다가 나중엔 퍼질러 앉아 마시다가 거꾸로 들고 마지막 남은 한 방울까지 다 마신다.)

김기풍 여보세요?… 누구냐?… 니라?… 그래, 나다. 어서 오 니라… 언니들? 그년들이 어디 전화하고 오는 년들이 냐? 오면 오는 거지, 일일이 전화 안한다…. 응? … (시무룩하다) 니는 맨날 바쁘노!… 아, 알았다. 밤차 타고 온다고? (금방 밝아진다) 그래, 알았다 오버! (수화기를 찰카닥 내려놓는다) 분명, 핑계야. 아가 완전히 변했다니까. 예전엔 안 그랬제. 아비 말을 거역할 애가 아니었제. 내 눈에 어긋날 짓도 일체 안 했으니까. 막둥이 하나만은 힘들지 않게 키웠어. 누가 뭐래도 그 앤 당당히 내 딸이라 할 만해…. 독하기도 하고, 고집도 있지. 어디 나무랄 데가 없는데, 에미가 덜떨어진 인간이란 말이야.

(이때 상필이 코를 곤다. 현관문이 열리면서 빛이 몰려든다. 유행 타지 않는 카키색 바바리를 입은 영순이가 여행가방을 들고 등장한다. 그 뒤를 따라, 열일곱 살 쯤 된 백치 이화가 들어온다. 이화는 여고 교복에 길게 땋은 머리에 맨발이며, 귀에는 노란 달맞이꽃을 꽂았다. 이화는 영순을 따라 다니는 유령이다. 이화는 몹시 피곤한 듯 소파에 가서 드러눕는다. 영순은 삶에 완전히 지친 모습이지만 손에 쥔 가방만은 놓칠새라 꼭 쥐고 있다.)

영 순   아버지….
김기풍   (놀라서) 어? 누구냐? (영순을 보고 아득한 표정) 어….
영 순   저, 순이에요. 영순.

김기풍	(벌떡 일어서려다 움츠려든다) 아. 영순? 그렇구나. (응석부리듯이) 니구나. 내가 눈이 침침해서 잘 못 본다. 다리도 삐 돌아가서 걷지 못하고, 허구헌날 집에만 있자니 속이 답답고, 이제 갈 날도 머지 않아 눈물만 자꾸 나고, 하여튼, 날로 기운이 쇠하고, 고무풍선에 바람 빠지듯, 모래시계에 모래 새듯 줄줄줄 손끝으로 빠져 달아나는 걸 느끼니, 영 심상치 않다.
영 순	(무덤덤하게) 저 사람은 왜 저래요?
김기풍	상필이다. 니 오촌 아제도 모르나?
영 순	근데, 왜 저래 됐어요? 대마초 피워요?
김기풍	대마초는 무슨. 알코올중독자가 다 됐어. 하긴 대마초 중독자나 알코올중독자나 결론은 같으니까. 근데, 너 혼자 왔나?
영 순	예. 상이는 수학여행 갔어요. 중학교 3학년이 될 때까지 수학여행 한 번 못 보냈어요. 한 번도.
김기풍	(골치아픈 말이 듣기 싫다. 얼른 말을 돌린다) 영진이는 좀 늦는다더라. 그앤 방송국에 취직했다. 방송작가로 말이다. (영순을 힐끗 보며) 너 알고 있냐?
영 순	예.
김기풍	(은근히 영순을 의식하며) 가는 말이다. 힘 하나도 안들이고 키웠다. 일부러 걔가 하고 싶은 것도 못 하게 했제.

지들 언니처럼 버릇 나빠질까봐 용돈도 안 줬다.

영 순   잘 하셨어요.

김기풍   하문! 그래 니는 어떻게 지내냐?

영 순   이제 궁금하세요?

김기풍   (공격할 태세를 갖추고) 그럼, 안 궁금하냐? 니도 자식 나 봐서 알잖냐. 어째 그렇노. 전화 한 통 하는 게 그리 어렵냐?

영 순   아버지가 하면 되잖아요.

김기풍   (정곡을 찔린 기분) 으흠!

영 순   아버지는 여전하군요. 당신 외에는 누구에게도 관심 이 없죠. 자식이 죽어간다 해도 아버지만 생각하죠. 그래도 다행이네요. 난 아버지가 말도 못하는 줄 알았 어요.

김기풍   니 눈에는 (휠체어를 가리키며) 이게 안 보이냐?

영 순   (대수롭지 않게) 곧 일어나실 테죠.

김기풍   니는 아직 멀었다. 자식 때문에 피눈물을 더 흘려봐야 해! 그래야 내 마음 알 꺼다!

영 순   (아버지와 싸우기 싫다) 너무 많이 흘려서 이젠 흘릴 피 눈물도 없어요.

김기풍   (비웃으며) 겨우 그 정도냐? 그럼 나는 뭐냐? 나는 피눈 물 공장이 있어서 피눈물을 흘리냐?

영 순　싸우러 온 게 아니에요.

김기풍　그럼, 춤추려 왔냐? 이제 애비가 죽을 때가 됐으니까, 떨어진 떡고물이라도 주워 먹으려고 왔냐? 참! 매정타. 니도 자식새끼 키워보니 찡하게 오는 게 없더냐?

영 순　(짜증난다) 찡하게 옵디다. 내 부모는 왜 그럴까? 부모 죄를 내가 받아 내 팔자가 이렇구나! (땅이 꺼져라 한숨 쉰다) 좋은 소리 해도 살 날이 짧아요. 여자 혼자서 애 키우며 사는 게 어디 쉬운 줄 아세요? 그런다고 아버지가 도와줘요? 어림도 없죠. 내가 언제 친정 덕 보자고 하던가요? 상이 수술할 때도 연락 한 번 안 했어요. 세 살부터 열 살까지 몇 번이나 수술했는지 아세요? 가망없는 수술이라지만 난 일곱 번을 했어요. 그래서 살려낸 아이에요. 언제 갑자기 쓰러질지 모르는 애라고요!

김기풍　에헤! 니가 왜! 다 떠맡고 난리냐! 애비한테 갖다주지 왜? 왜? 니가 난리냐!

영 순　에미 없이 크라고요? 나 하나면 족해요. 물려줄 게 없어서 그걸 물려줘요?

김기풍　어차피 같애! 아비 없이 크나 어미 없이 크나 똑같애. 지 하기 나름이다. 니는 영진이 보면 모르냐?

(상필 소리에 몸을 뒤척인다.)

영 순 영진이도 어디 속없이 큰 줄 아세요!

상 필 어어어어? (일어나 앉는다)

김기풍 저런 저 독사같은 년 봐라! 애비가 휠체어에 앉았는데
도 바락바락 덤비는 것 좀 봐라! 내 저년을 호적에서
잘 뺐지. 어디 일부종사 못한 년을 호적에 올리냐!

상 필 (술이 덜 깼다) 누구로?

김기풍 자가 맏딸이다. 맏딸. 내 호적에 먹칠한 년이다.

영 순 (자포자기한 목소리) 부전자전이시더.

상 필 고양이와 개만키로 보자마자 싸웁니까.

김기풍 (어린아이처럼 울부짖으며) 아! 어서 죽어야 돼. 내가 죽
어야 돼. 내가 죽어야 돼! 내가 죽어야 돼!

(상필은, 술이 덜 깬 상태라 비틀거리며 여기저기 부딪히며, 급
하게 휠체어를 밀고 현관으로 나간다. 영순은 멍하니 서서 그
들의 뒷모습을 지켜본다. 김기풍의 탄식소리가 무대 뒤에서 울
리다가 사라진다. 혼자 남은 영순은, 한 손에는 여전히 가 방을
쥔 채 책상 앞에 있는 의자에 앉는다. 바바리도 벗지 않은 채,
스르르 책상에 엎드린다. 잠이 드는 건지 우는 건지 알 수 없
다. 물고기 풍경이 흔들리면서 소리가 난다. 무대 가득 물무늬

의 푸른 조명이 퍼진다. 소파에 누워 있던, 이화가 노래를 흥얼
거린다.)

이 화 꽃 피네. 꽃이 피네… 꽃 지네, 꽃이 지네.
      달 뜨네, 달이 뜨네… 달 지네, 달이 지네
      꽃이 피고 달이 뜨고, 달이 지고, 꽃이 지네.

(벽장 문이 열리고, 유령인 키 큰 여자 숙이가 등장한다.
화려한 꽃무늬 원피스를 발목까지 늘어뜨리고 있다.
뼈대만 앙상하게 남아 원피스가 제멋대로 펄럭인다. 머리는 부
스스한 퍼머머리. 눈은 다량의 신경안정제와 수면제에 취해 반
쯤 감겨 있다. 한 손에는 긴 담뱃대를 들고 있다. 담배를 피우
면서 휘청휘청 걷는다. 마치 구름 위를 걷는 듯이 몽롱하게 걸
으며 베란다 앞에 쪼그리고 앉아 해바라기 한다. 소리없이 영
옥이 등장한다. 영옥은 서서 한참 동안 집안을 둘러본다. 영순
을 발견하고는 발을 두 번 구른다.
영순 고개를 들면, 얼굴 가득 눈물이다. 영옥을 발견하고 재빨
리 눈물을 닦는다. 영옥은 억센 다방 마담 같은 분위기를 풍긴
다. 영옥은 검은 원피스를 입고, 커다란 링귀걸이에, 양손에 귀
걸이와 같은 은팔찌를 하고, 한쪽에는 염주팔찌를 하고 있다.
쌍거풀 수술을 한 흔적이 있는 눈등에 검푸른 아이라인을 짙게

하고, 머리는 단발을 뒤로 묶어 올렸다. 길고 날카로운 손톱에 짙은 자주색 매니큐어를 칠했고, 가방도 쇠로 된 링이 장식되어 있다. 영옥이 움직일 때마다 소리가 나며, 허스키한 목소리로 아버지 김기풍처럼 쉴 새 없이 말하며, 심한 정서불안과 결벽증이 있다. 그리고 어딘지 모르게 눈에 심하게 띄지는 않지만 다리를 약간 전다. 관객들은 영옥이가 긴 치마 때문에 불편해서 그렇게 걷는다고 생각하거나 대수롭지 않게 여기도록 너무 심하게 절지 않아야 한다. 그리고 영옥은 되도록 자신의 다리 저는 걸 눈에 띄게 하지 않기 위해 빨리 걸어야 한다.)

영 순   영옥아….

영 옥   웬 청승이야. 어휴 담배 피우고 싶어 혼났네. (소파에 털석 주저 앉는다. 이화가 밑에 깔려 있다. 한쪽 발을 주무른다) 언제 왔어?

영 순   좀 전에.

영 옥   상이는 잘 지내? 많이 컷겠지? (일어섰다 다시 앉으며) 이 의자 왜 이렇게 불편해. (이화 일어나 부엌 식탁에 가서 앉는다. 담배부터 꺼낸다) 언니 거기 재털이 좀 줘.

영 순   (재털이를 영옥에게 던져 준다) 자, 받아.

영 옥   어어… 나 못 받아. (재털이가 영옥의 무릎에 떨어진다) 아얏 아유, 나 방향감각 없는 거 알면서 왜 그래? 재털이 하나 주는 게 그리도 힘들어?

영 순 (무대 앞쪽에 서서 물고기 풍경을 본다) 이 집은 여전해. 하나도 변하지 않았어. 아버지도 여전하고 너도 여전해. 서늘하고 을씨년스러워. 사람이 살지 않는 무덤 같아.

영 옥 (연기를 뿜으며) 아… 이제 살 것 같다. 담배하고 커피 없으면 난 죽을 것 같아. 장사도 이 힘으로 하거든. 아버지는 어디 가셨어?

영 순 상필이하고 산책 나갔어. 휠체어 타고 계시더라.

영 옥 그래도 가볍게 지나간 거야. 처음치곤 빨리 회복하시는 편이래. 중풍은 원래 3이 고비래. 중풍맞은 날로부터 삼 일, 석 달, 삼 년, 그 다음은 삼십 년이겠지? 대부분 삼 일이 고비래. 그 다음은 꾸준히 침 맞고 운동하면, 대부분 괜찮아지지만, 그래도 언제 바람맞을지 모르니까 조심해야 하는데, 아버진 치매까지 오는 것 같애.

영 순 치매?

영 옥 새벽 3시에 난데없이 전화하더니 엄마 위자료 몽땅 달라는 거야. 정말, 미치겠더라니까. 20년 전 애길 왜 꺼내는 거냐구. 엄마 위자료를 내가 어쨌다는 거야, 정말. 미치겠더라니까. 새벽 3시에 말야. 가게 문을 1시에 닫는데 새벽 3시에 전화를 하면 나보고 죽으란

말이야! 그리고 세상에 이혼하고 삼 년만에 재결합 할
거면 뭐 하러 이혼했어. 하긴, 나도 그럴러나 몰라.

영 순 재결합할 거니?

영 옥 미쳤어? 또 부도나는 사업 뒷돈 댈려고? 염치가 있어
야지. 우리 집도 한물 갔잖아. 사위 사업 대줄 돈이 어
디 있어? (갑자기) 모르지. 그 화상. 이번엔 정신차리고
성공할지 말야. 아유 답답해. 점을 봐도 시시껄렁한
소리나 해대고.

영 순 점이라니?

영 옥 우리 집 귀신들이 구천을 떠돈대. 애기귀신은 배가 고
파 울고, 몽달귀신은 목이 아파 운대나 어쨌다나. (영
순 흠칫한다) 불행하게 죽은 귀신 수만큼 옷을 지어 태
우고 빌어야 한대. 안 그러면 운이 막혀 캄캄한 독안
에 갇힌 쥐 신세라네.

영 순 (혼잣말로) 내 점괘랑 똑같네.

영 옥 언니도 점 봤어?

영 순 상이 병 때문에 봤는데 그렇게 나왔어.

영 옥 신경쓰지 마. 나야 신경안정제 먹는 대신 보러 가지
만, 반은 믿고 반은 안 믿어. 그리고 볼장 다 봤는데
얼마나 더 나빠지겠어. (영순이 잡은 가방을 보고) 거기
뭐 보물이라도 들었어? 아까부터 계속 잡고 있네?

영 순   (화들짝 놀라 가방을 놓치며) 아, 아냐…. 정말이야? 점괘
        가 그렇게 나왔어?

영 옥   언니도 많이 늙었다.

영 순   그러니?

영 옥   상이 낳기 전만 해도 피부 좋았잖아. 그때, 언니 애 못
        낳을까봐 걱정 많이 했는데….

영 순   (얼른 말을 돌리며) 아버지는 여자 없나봐.

영 옥   응? 누구?

영 순   밥 해주는 여자말야.

영 옥   오, 그 여자! 정말 재수없어. 코는 들창코에 얼굴은 새
        까맣고, 마른 장작개비같이 생겨서 담배는 왜 그렇게
        피워. 자식도 없고 친척도 없다는데 그걸 어떻게 알
        아. 내가 그 여자 쫓아내느라고 얼마나 힘들었나 몰
        라. 누가 소개해줬는지 모르지만 무슨 여자가 돈을 그
        리 밝히나 몰라. 한번 장에 갈 때마다 아버지 통장을
        몽땅 들고 나가. 아버지가 돈 독촉을 더 하시는 거야.
        그래서 저 영감이 왜 저러나 싶어 알아보니까. 이 여
        자 뒤에 딸린 식구들이 좔좔좔 나오더라니까. 요즘은
        혼자 사는 영감만 골라 간 빼먹는 전문 사기단이 많거
        든. 그 여자 자기 짐은 한 개도 가지고 오지 않았어.
        내 육감이 나보다 먼저 냄새를 맡았지 뭐야. 요상한

냄새가 나더라고. 무슨 여자가 정확한 고향을 안 가르쳐 주잖아. 말투도 희한해. 전라도 사투리를 쓰다가 충청도 사투리에, 대구 사투리까지 뒤죽박죽이야. (코맹맹이로 끝을 올린다) 거시기 나, 화장품 쪼까 갔다 줘유. 야? … 서울말도 아니면서 서울 억양 흉내를 내는데 근지러워 못 듣겠다니까.

영 순 어떻게 쫓아냈니?

영 옥 가게 정리하고 그냥 여기로 이사왔지 뭐.

영 순 작년 여름에 전화 했을 때니? 너가 아버지 모신다고 했잖아.

영 옥 응. 아버진 수술한 뒤라서 몹시 힘들었거든. 누구라도 모셔야 했는데, 마침 내 가게가 처분되어서 모실 수 있었어. 내가 동해로 이사 가는 바람에 아버지 혼자 남았고, 다시 그 여자가 들어와 사는 줄 알았지 뭐야.

영 순 (의심스러운 눈으로) 왜 난데없이 동해로 이사갔니?

영 옥 으응. 모텔을 인수했거든. 목욕탕이랑 딸린 거.

영 순 너, 돈 많이 벌었구나.

영 옥 (영순의 눈치를 보며) 낡았어. 말이 모텔이지 너무 낡았어. 단 하나 목욕탕 보고 결정한 거야. 모텔에 목욕탕이 딸렸거든. 내 사주에 물장사 하면 돈 번다고 나왔지만, 나 그 장사 만은 안 했어. 물장사 하면 술집하고 다방이 떠오르잖아. 아버지 때문이기도 하고… 근데 어느날 목욕탕이 생각나는 거야. 목욕탕도 물장사는 물장사잖아.

영 순 두 애 대학 보내면 힘들 텐데 언제 그렇게 모았니?

영 옥 (얼버무리며) 돈이 붙어야지 억지로 모은다고 모아지나?

영 순 아버지, 고만 좀 괴롭혀라.

(영옥, 아무 말도 못한다. 다른 곳에 시선을 돌리고 담배만 핀다. 영순, 영옥에 대해 모두 체념한 듯한 시선을 보낸다. 그러나 여전히 냉정한 시선이다.)

영 순 널 보면 불안해.

영 옥 (차분한 목소리) 불속에 뛰어드는 나방이란 말이지?

영 순 20년 전부터 말했었어.

영 옥 그 후론 한 번도 말한 적이 없지.

영 순 널 볼 시간이 있었어야 말이지. 그때부터 줄곧 우린 다른 시간 속에 있었지. 넌….

영 옥 불속에, 언니는 늪 속에 있었으니까.

(갑자기 쾌활하게 웃음을 터트리는 영옥.

영순은 지그시 미소만 짓는다.)

영 옥   (정색을 하고) 언니, 나 그 사람 봤어.

(영순, 얼른 고개를 돌린다. 객석 너머 먼 곳을 바라본다. 영옥
은 영순의 뒷모습을 바라본다. 영순의 반응을 예상한 것 같은
얼굴이다.)

영 옥   언니 정말 듣고 싶지 않아 ?

영 순   ….

영 옥   우연히 강릉 가는 기차 안에서 만났어. 그 사람 많이
변했더라. 염색했는지 머리뿌리는 허옇더라구. 날 모
르는 것 같아. 예전에 오빠 목소리는 이브 몽땅 같다
고 생각했는데, 완전히 쉬었더라구. 오히려 오빠 옆에
있는 고등학생 정도 되는 아들이 이브 몽땅 목소리를
내더라구. 기막힌 비음말야. 공포의 바이브레이션! 언
니도 기억나지? 바로 그 목소리야…. 우리가 왜 그딴
남자 때문에 싸웠는지 억울해 죽겠더라니까.

영 순   너 혼자 싸운 것 뿐이야.

영 옥   언닌, 날 질투했어.

영 순   내가 널? (한숨) 난 오히려 고맙게 생각했어.

영 옥	흥! 그게 언니 자존심이었겠지.
영 순	내가 너한테 뭘 말하겠니? 넌 한 번도 내 말을 들은 적이 없었는데….
영 옥	언니는 솔직하지 못해!
영 순	그래, 그만두자. 과거를 끄집어내서 어쩌자는 거야.
영 옥	아직도 과거에 연연하잖아.
영 순	너야말로 그만 연연해.
영 옥	(담배를 신경질적으로 비벼 끈 뒤 벌떡 일어난다) 언니를 비난할 생각이 아니야. 그때 이후로 언니는 내게 마음을 닫았어. 빗장을 걸고 한치의 틈도 열어주지 않았어. 우린 서로 피차 결혼에 실패했어. 난 죄책감에 시달려야 했고, 언니는 그걸로 복수하는 거야!

(영옥의 말이 끝나기도 전에 영순은 이층으로 올라가 버린다. 영옥은 자기 분에 못이겨 왔다 갔다 한다. 상필, 휠체어를 밀고 들어온다. 휠체어에 앉은 아버지는 아이처럼 자고 있다.)

상 필	어… 영순, 아니 영옥이구나. 에헤헤. 아까 전에 영순이를 봤는데, 이제보니 너였구나. 영순이가 여기 올리 없지. 안 그러냐?
영 옥	아버지 누우셔야겠어요.

상 필　아니다. 단잠을 주무시는데 깨게 할 수는 없지. 산책 나가면 아이처럼 기뻐하신단다. 마치 처음 보시는 것처럼 둘러보시지. 시들한 나무를 보면 어루만지면서 말을 건네신단다. 그러면 희한하게 다음날 살아나지. 형님은 정말 대단하신 분이야. 식물을 키우시는 데는 하나님의 손을 닮았다니까. 그런데 어째서 자식농사는 뜻대로 안되는지 모르겠다.

영 옥　아제는 오늘 웬일이세요?

상 필　부사가 익었는지 보러왔지. 부사는 서리 맞아야 맛나는 법이다. 앞으로 일주일쯤 따가운 햇빛에 푹 익혀야제. 그래야 사과도 달고 단단하제.

영 옥　(건성으로) 예….

상 필　장마 때 탄자병이 생기는데 다행히 우리는 그냥 지나갔더라. (영옥의 눈치를 보며) 형님이 많이 속상해 하시더라. 너 때문에 보증 서 준 뒷산 넘어가서 말이다. 온천 나오는 거 너도 알지? 하필 판 뒤에 나올 게 뭐냐? 그 바람에 형님 저리 되신 거다.

영 옥　아제, 어두워지기 전에 그만 가 보소.

상 필　그래. 알았다. 형님이 나 찾으면 니가 가라해서 갔다고 해라.

영 옥　아, 참. 아제.

상 필　왜?

영 옥　(가방에서 양주병을 꺼낸다) 아제 술 좋아하제. 앞으로도 우리 아버지 잘 돌봐주소.

상 필　에헤헤… 나 생각하는 아는 그래도 너밖에 없다. 고맙다. 그럼. (한 손을 어정쩡하게 들어올리며) 수고!

(상필, 현관문으로 퇴장한다. 영옥은 잠든 김기풍 얼굴을 본다. 무릎에서 담요가 떨어지려 한다. 영옥은 담요가 떨어지지 않게 바로 잡아준다. 그리고 애증이 엇갈린 착잡한 심정으로 김기풍을 바라본다. 김기풍은 자면서도 누군가 바라보고 있다는 것을 본능적으로 깨닫는다. 그는 몸을 꿈틀거린다.)

김기풍　(좀, 처연한 목소리로) 숙아…. 숙아?… 숙아!

영 옥　(불안하게 담배를 찾아 문다) ….

김기풍　(눈을 뜨고 멍하니 영옥을 바라본다) 숙이냐?

영 옥　(얼른 담배를 집어넣으려다가) 담배 피실래요 아버지?

김기풍　(퉁명스럽게) 싫다. 담배 피면 기침난다.

영 옥　그럼, 커피 드실래요?

김기풍　싫다. 커피 마시면 날밤 샌다.

영 옥　전, 하루 석 잔이 기본이에요. 장사할 땐 대중없이 마셔대요. 어떨 땐, 하루 종일 커피만 마셨다니까요. 지금 생각해보면 커피 힘으로 장사한 것 같아요.

김기풍 (영옥의 손에 들린 담배를 못마땅하게 보며) 담배 힘으로 장사한 게 아니고?

영 옥 가게서 담배 못 펴요. 누가 담배 냄새 나는 옷을 사가요.

김기풍 (괜히 심술나서) 그래, 너 커피귀신이다.

영 옥 좀 전에 꿈 꾸셨어요?

김기풍 아무것도 아니다.

영 옥 오랜만에 제 아명을 부르셨잖아요. 그냥, 불러 보셨어요?

김기풍 그래. 심심해서 불러봤다.

영 옥 아버지도 참! 후후. (갑자기 웃음을 멈춘다) 맞아요. 그 이름은, 엄마를 부를 때만 사용했어요.

김기풍 네 어민 아주 못된 여편네야. 약속도 없이 번개처럼 가버렸어.

영 옥 2년이 지났는데 아직도 살아있는 것처럼 느끼세요?

김기풍 (갑자기 슬픔이 복받친다) 내가 먼저 죽었어야 했는데.

영 옥 (빈정거리며) 네에, 네. 젊었을 때 그리 속 썩이더니 살았을 때 잘 해드리지 이제 와서 무슨 청승이세요.

김기풍 (악의에 차서) 빌어먹을 할망구! 죽을려면 진작 죽지. 새장가도 못가게 꼭 알맞게 죽었지. 다 쉬어빠진 칠순 노인 되니까 안심하고 죽었지.

영 옥 (기가 차다는 듯이 웃는다) 에헤헤헤. 누가 들음 웃어요. 엄마 살았다고 아버지 새장가 못 갔어요? 그럼, 영진 엄마는 뭐고, 또, 그 여자들은 다 허깨비에요? 어디 한둘이어야 말을 안 하지.

김기풍 (멋적은 듯 끄응거리며 명옥을 노려본 뒤 혼잣말로) 고얀년!

영 옥 아, 참! 영순이도 왔대요. 해가 서쪽에 뜰 일이지 걔가 웬일로 친정에 다 오고.

김기풍 영순이? 영순이가 뭐냐! 언니라고 해야지.

영 옥 언니 같아야 언니라고 하죠. 같이 늙어가는 마당에 무슨 언니.

김기풍 그래? 그럼 나도 너하고 같이 늙어가는 마당이니 아버지라 부 르지 말고 기풍아! 기풍아! 하고 불러라.

영 옥 아버지도 참!

김기풍 그래, 넌 말짱 도루묵이다. 내 그럴 줄 알았다. 너같은 불한당이 개과천선을 어떻게 하루아침에 하냐. 쓰잘데 없이 손모가지에 달고 다니는 염주알 욕뵈지 말고 본성대로 돌아가라 요년!

영 옥 그래요. 내 본성대로 돌아가자면 난 순진하고 의심할 줄 모르는 천진한 아이였어요.

김기풍 에헴! (딸의 눈치를 힐끗 살피며) 영순인 그래 어떻더냐?

영 옥 피곤한가봐요. 이층에 올라갔어요. 아버지. 영순일 어떻게 불렀어요? 엄마 임종 시에도 안 왔잖아요.

김기풍 다 수가 있다. 영순이 가는 매정한 것 같아도 보기보다 여린 애다.

영 옥 (입을 삐죽인다) … 영진이도 와요?

김기풍 영진이가 안 올 애냐? (영옥 괜히 기가 죽는다) 니 에미 쓰러져 사지 못 쓸 때 갸가 서울서 내려와 한 달을 안동병원 중환자실에서 대소변 다 가리면서 날밤 샌 애다. 그래도 애비 걱정에 얼굴이 바싹 말라갖고, (가슴이 울컥 한다) 하! 일 년 내내 똑같은 청바지에 운동화만 신고, 한창 멋낼 나이에 무슨 글을 쓴답시고 눈은 퀭해서 밥은 먹고 사는지, 비실비실, 시들시들, 오뉴월 가뭄 든 논바닥의 벼이삭같이 노래가지고….

영 옥 아버지. 나도 일 년 내내 청바지만 입어.

김기풍 예끼년!

영 옥 네 자매가 함께 모인 게 몇십 년만이에요? 처음 영진이가 오던 날, 그렇게 빨간 아긴 처음 봤어요. 아직도 엄마 피가 덜 씻긴 아기 말예요. 난 무척 기뻤죠. 나도 동생이 생겼으니까요. 언니만 동생이 있고, 난…. (화들짝 놀란다) 영화도 와요?

김기풍 그애도 니 언니야.

영 옥 개가 내 언니면 미친개가 내 언니야. 정말, 창피해 죽겠어. 호적은 몇 번이나 뗐다 붙였는지 지저분해서 못 떼겠어. 한 번 이혼했으면 끝낼 일이지 뭔 결혼을 철마다 하는지 몰라. 나도 그 정도 이혼하고 위자료 받음 떼부자 되겠다.

김기풍 넌 거덜날 거다. 아니 나까지 거덜낼 거다. 사내 하나 데리고 살면서 날 요렇게 망쳐놓는데 서넛 되면, 내 눈깔도 빼다 그놈 줄 거다. 요년!

(갑자기 김기풍의 품에서 자명종시계가 요란하게 울린다.)

영 옥 에구구! 이게 뭐야?

김기풍 (시계를 멈추며) 약 먹을 시간이야. 약!

영 옥 어디 있어요?

김기풍 냉동실에 얼려놨어. 뜨거운 물에 녹여야 돼. 변비 해결을 위한 한약이지. 그걸 먹고 오 분만 있으면 아랫배가 살살 아파오제. 힘을 안 줘도 구렁이 담 넘어가듯이 슬그머니 기어나와 안녕하시껴! 하며 떨어진다니까.

(영옥, 부엌에서 호들갑스럽게 웃는다. 냉장고를 열고 냉동실에

있는 약봉지를 꺼낸다. 가스렌지에 냄비를 얹고 약을 넣고 가

스렌지를 켠다.)

김기풍   찾았냐?

영 옥   예.

김기풍   (일어나 휠체어를 끌고 부엌 앞까지 가서 얼른 앉는다) 가스

렌지 조심해. 물이 끓으면 반드시 밸브를 잠가라.

영 옥   (건성으로) 예, 난 커피 좀 마셔야겠어요. (싱크대를 열고

커피를 찾는다)

김기풍   니 요 앞 큰 길가에 혼자 사는 최영감 알지. 가스에 질

식해 죽었다더라. 죽을 땐 그렇게 불시에 죽는 게 나

아. 죽음에 굴복할 새도 없이 말야.

영 옥   (식탁에 앉아 커피를 마신다) 아버지 죽는 게 두려우세요?

김기풍   죽는 건 두렵지 않아 벽에 똥칠할까 두렵지.

영 옥   솔직히 벽에 똥칠하더라도 오래 살고 싶으시죠?

김기풍   그렇게 구질구질하게 살기 싫다. 깨끗하게 죽고 싶지.

만약 내가 그렇게 된다면, 차라리 내 밥에 독을 타라.

영 옥   (가볍게) 노처녀 시집가기 싫다는 말하고 노인네 죽고

싶다는 말은 믿지 말래요.

김기풍   목을 매면 혀가 한 자나 나올 테고, 물에 빠지면 퉁퉁

불어터질 테고, 약을 먹으면 썩을 때 땅에도 해로울

테니 어떻게 죽는 게 가장 간단하겠나?

영　옥　암스테르담으로 가세요.

김기풍　암스… 테르담?

영　옥　안락사가 보장되는 도시예요.

김기풍　안락사?

영　옥　저도 늙고 병들면 거기로 갈까 해요.

김기풍　(심각하게) 비행기 값이 얼마냐?

영　옥　예? (웃는다) 아버지는요 못 가요. 비행기 값이 너무너무 비싸거든요.

김기풍　꽤 많이 들겠지?

영　옥　(놀리듯) 그럼요. 죽고 싶은 사람들이 얼마나 많은데 비행기 값이 싸면 어중이 떠중이 다 올 거 아녜요. (냉장고 문을 연다) 사과가 하나도 없네.

김기풍　그렇지… 그럴 테지.

영　옥　(아버지의 눈치를 살피며) 걱정마세요. 아버지. 이 집이랑 땅 팔아서 저랑 살면 되잖아요. (싱크대에서 바구니를 꺼낸다)

김기풍　으흠! 치사하게 딸네 집에 가선 안 산다.

영　옥　예 예, 잘 생각하셨어요. 저도 아버지랑 살 생각 없어요. (부엌문을 열고 밖으로 나간다)

김기풍　어디 가냐?

영 옥 사과 따러가요.

김기풍 따지 말고 주어 와.

영옥의 소리 으으 ! 다 따버릴 거야. 고만!

(차가 와서 멈추는 소리.)

김기풍 암스… 스테르담… 암텔르담? … 암암! 암암암암….

(영화가 등장한다. 짧은 커트머리에 보라색 윗도리에 흰색 바지 정장을 입었다. 마치 도라지꽃 같다. 피부는 희고 투명하며, 영순과 이미지가 닮았으나, 영순보다는 쌍거풀진 눈이 강렬하고 자신감 넘쳐있다. 한 손에는 가방을 한 손에는 케익 상자를 들고 있다. 서울 말씨를 쓰는데 어딘가 작의적인 발음이 느껴져 어색하다.)

영 화 (부드럽게) 아버지?

김기풍 (돌아보기 어렵다) 영진이냐?

영 화 (슬픈 척 다가간다) 저, 영화예요. 아버지. 어쩌다 이렇게 되셨어요?

김기풍 곽실이?

영 화 우연히 장 서방이 받았지 뭐예요. 그이가 전하더라구요.

김기풍 장 서방? 장 서방은 누구냐?

영 화 제 여섯 번째 남편요. 전화로 인사드린 적 있잖아요.

김기풍 그이는 이 서방이 아니냐?

영 화 이 서방은 세 번째고요.

김기풍 (머리를 흔들고) 복잡타. 그만 그 방면으론 얘기하지 말
자.

영 화 그러니까 아버지 곽실이라 부르지 말고 영화라고 부
르세요.

김기풍 알았다. 곽실아. 니가 전화한다고 올 애가 아닌데 어
째 왔냐?

영 화 처음엔 안 오려고 했죠. 그런데 전보까지 왔지 뭐예
요. 전, 너무너무 놀랐어요. 무조건 허겁지겁 달려왔
지 뭐예요. 당연히 곡소리가 날 거라고 생각했는데,
초상집 치고는 너무나 조용한 거 있죠. 그런데 아버지
가 여기 앉아 계시는 줄은 꿈에도 생각 못했어요

김기풍 (영화를 아래위로 훑어보며) 애비 죽었는데 축하할 일이
냐? 검은 옷도 안 입고, 또 케익은 뭐냐!

영 화 (능숙하게 둘러댄다) 옷이야 상복으로 갈아 입으면 되고,
아버진 이런 거 드실 일도 없잖아요.

김기풍 어쨌든 해가 서쪽에 뜰 일이다.

(사과가 담긴 바구니를 들고 부엌문으로 등장하는 영옥.)

영　화　제가 죽기 전에 아버님 얼굴이라도 보려고요

김기풍　곧 죽을 사람처럼 말하는구나.

영　옥　아버지가 돌아가시지 않아 실망했어?

영　화　어머! 너 영옥이니? 어쩜 그렇게 파삭 늙었니? 지나가
　　　　다 만나도 못 알아보겠다 .

영　옥　(화가 나지만 억누른다) 니는 뭐 눈탱이가 쭈글쭈글하네.

영　화　당연하지 얘는. 넌 겨우 마흔인데도 그 정도인데, 난
　　　　마흔 하나잖니.

영　옥　웃기지 마. 일 년이 무슨 차이냐? 번데기 앞에서 주름
　　　　잡냐?

영　화　호호호. 너 번데기니?

김기풍　(코를 벌름거리며) 내 한약! 에헤! 다 탄다. 다 타!

영　옥　그래, 니 잘났다. 잘난 니가 아버지 한약 좀 갖다줘라.

영　화　어머, 너 화났니?

김기풍　에헤! 요년들아. 약 탄다. 약 타!

영　옥　니 수준으로 끌어내리지 마!

영　화　(무시하고) 아버지 한약 어딨니?

영　옥　몰라! 니가 가서 찾아봐! (방으로 들어가버린다. 화가 나서
　　　　씩씩거린다)

김기풍　에헤! 약 탄다. 약 타. 에헤!

영　화　아버지, 그만 진정하세요. 내가 가져올게요.

(영화 부엌에 들어가고, 방으로 간 영옥은 베란다로 이끌리듯 걸어간다. 해바라기 하는 유령 숙과 똑같은 자세로 옆에 앉아서 담배를 피운다.)

김기풍　잘못됐어. 조풍수 말대로 어머님 묘자리가 시원치 않아. 어머님 말씀대로 외가 선산에 모시는 건데 잘못했어. 조상 선산에는 다 차서 맨 끄트머리 물도 안 빠지는 습지 옆에 묻은 것이 잘못이야. 그래서 딸년들이 저 모양이야. 하나같이 못된 망아지같으니 원 쯧쯧 쯧….

(부엌에 들어온 영화는 약봉지를 꺼낸다. 가위를 찾느라 식탁 앞에 오고, 식탁 앞에 앉은 이화는 영화를 바라본다. 영화는 이화 앞에 있는 칼을 들고 약봉지를 딴다. 컵에 약을 따르고 손끝으로 맛을 본다. 이화는 일어나서 냉장고 안으로 들어간다. 해바라기에 지친 숙은 일어나 술 취한 사람처럼 비틀거리며 거실을 가로질러 간다. 이층에서 내려오던 영순은 거실을 가로질러 가는 숙을 보고 하얗게 질린 채 서 있다. 숙은 습관처럼 냄

비를 가스렌지에 올리고 식탁을 차린다. 숙은 오랫동안 익숙한 몸놀림으로 빈 그릇들을 식탁에 진열한다. 영화는 아버지에게 약을 준다.)

김기풍   (급하게 마시다가 혀를 댄다) 앗 뜨거! 앗 뜨거!

영 화   아유, 아버지. 천천히 드셔야죠.

김기풍   뜨겁다 뜨거워. 왜 이렇게 뜨겁게 했냐. 좀 적당히 따 땃해야지. (약이 쓴지 인상을 쓰면서도 벌컥벌컥 다 마신다) 에헴! 옛다! (컵을 영화에게 준다)

영 화   아버지 약 드시는 걸 보니 내가 아버질 닮긴 닮았나 봐요. 같이 살지도 않았는데 어떻게 습관도 닮을 수 있죠?

김기풍   이층 가서 니 언니나 오라 해라.

영 화   (반가운 표정) 언니가 왔어요?

김기풍   맘같지 않게 니 언니만 보면 싫은 소리가 나온다.

영 화   세상에! 우린 벌써 5년째 얼굴도 안 보고 지냈어요.

김기풍   한 뱃속에 나왔으면서 니들은 왜 그리 매정하나? 하긴 그 배가 좀 차가운 배니까 딸들도 그 모양이제.

영 화   (웃으며) 배가 차가워야 맛있제. 닝닝하면 맛도 없어요.

김기풍   예끼! 구렁이같은 년!

영 화   (까르르 웃는다) 평생 이 배 저 배 싫증 안나도록 타 봤으니 아버지는 참 좋았겠어요.

김기풍 (갑자기 점잖게 시침을 떼며) 아비 놀리지 마라.

(영화는 키득키득 웃으며 휠체어를 밀어 중앙에 세운다. 영순은
비로소 계단을 내려온다.)

영 화 (과장된 다정함으로) 아버지. 누구를 제일 사랑했어요?
우리 엄마? 아님, 영옥이 엄마? 영진이 엄마? 또….

김기풍 맨입으로 되냐!

영 순 부끄러움도 모르고 뻔뻔한 건 아무래도 유전인가봐.

영 화 언니! (영순에게 달려가 와락 안긴다) 아! 언니. 오랜만이
야.

영 순 (영화를 밀어낸다) 아유, 향수 냄새.

영 화 (호들갑스럽게) 언니. 상이는 어때? 수술한다는 소리 듣
고 바빠서 못 가봤어. 어디 그동안 내 정신이어야지.

영 순 니가 언제 지정신으로 살았었니?

영 화 아이, 언니 삐졌구나. (서둘러 둘러댄다) 상이 수술비라
도 보태줄려고 전화번호를 아무리 뒤져도 못 찾았지
뭐야. 언니가 전화 좀 하지. 아 참, 내 전화번호도 바
뀌었지. 아유, 언니 말대로 내가 지정신이 아닌가봐.
(방에서 나오는 영옥을 의식하며) 하긴 지정신 아닌 사람

이 이 집에 한둘인가 뭐.

(모두 긴장한다. 영옥은 영화를 노려본다. 영화는 모른 척 영옥의 눈길을 피한다.)

김기풍 에헴! 저녁이 멀었냐?

영 옥 (퉁명스럽게) 해도 안 떨어졌는데 무슨 저녁이세요?

김기풍 (무대 뒷쪽 작은 창을 가리킨다) 봐라! 해가 저쪽 창에 비치면 서쪽으로 기울어진 거다. 이래되면, 4시 40분쯤 된 거다. (주머니에서 알람시계를 꺼내 영옥이 코앞에 들이민다) 봐라! 내가 얼마나 정확한지 봐라! 봐!

영 옥 (코에 시계가 부딪혔다. 코를 손으로 쥐고 짜증이 폭발한다) 으! 내가 못 살아!

김기풍 정확하게 아침은 7시에. 점심은 12시에, 저녁은 5시에 난 먹는다. 내 위는 정확하게 움직이고 쉬어. 그나마 내가 이렇게 건강한 것도 다 규칙적인 생활 덕분이야.

영 화 젊었을 적에 바람 많았던 사람이 늙어 바람맞는다던데….

김기풍 (휠체어를 손으로 팍 치며) 내가 이딴 걸로 쓰러질 줄 알았냐? 내일이라도 당장 일어날 테다 요년들아!

영 순 이미 시집가서 자식 있는 딸인데 너무 요년요년 하지

마세요.

김기풍   4시 55분이다. 밥 먹자!

영 옥   (흥분해서) 꼭 5시에 밥 먹어야 해요? 7시에 먹으면 안 되고 9시에 먹으면 안 돼요? 밥 못먹어 죽은 귀신이 붙었어요? 왜 그래요?

김기풍   쟤 왜 저러나?

영 옥   (표독스럽게) 아버지 때문에 엄마가 어쨌는 줄 아세요? 제 시간에 밥을 못 대면 온 동네가 떠들썩 했잖아요. 에헤 밥! 밥! 밥! 그 시간에 못 먹으면 전쟁 나요? 6·25 피난시절도 아닌데, 밥풀 떨어지면 안 주어 먹는 다고 소리치고. 엄마가 얼마나 불안했는 줄 아세요? 시간에 쫓겨 허둥거리다가 친구도 못 만나고 여유도 없이 감옥같은 생활을 했다구요. 평생 아버지 쇠사슬에 묶여 벗어나지도 못하고 바보처럼 살았어요. 그러니 누가 지정신으로 온전히 버티냐고요!

김기풍   난 밥 먹어야겠다. 니나 9시든 10시든 마음대로 먹어라! (아무에게나) 밀어라!

영 화   (휠체어로 다가가며 영옥의 귀에 속삭인다) 니 엄마만 원통하니? 생색내지 마라.

김기풍   배가 덜 고팠어. 망할년들! 끼니를 앞에 두고 못하는 소리가 없어. 살아있으면 먹어야제. 먹은 만큼 부지런히 일하고, 먹는 일이 얼마나 성스러운지 아냐? 요년들아. 아무거나 마구 먹으면 다 먹는 거냐? 하늘이 주신대로 땅에 나는 거, 독 안 치고 이슬이 키워낸 거. 이런 먹거리가 귀한 거제. 요년들. 먹는 일을 대충하면 니들은 다 살았다. 요년들아!

(갑자기 택시가 도착하는 소리. 영옥은 영화를 노려본다. 영화는 못 본 척하고 현관문을 열고 밖을 내다본다.)

영 화 택시가 서네.

김기풍 누구냐?

영 화 영진이 같아요…. 어머머! 쟤 왜 저렇게 말랐어.

김기풍 잘 됐다. 딸 네 개가 이제 다 모이는구나. 자, 어서 밀어라!

(영화가 아버지의 휠체어를 밀고 현관 밖으로 나간다.
영순 천천히 따라 나가다가 영옥을 돌아본다.
영옥이 싱크대를 열고 컵을 꺼내면, 그 안에 앉아 뜨개질을 하던 유령 금순이 나온다. 금순은 목에 새끼줄을 걸고 있고, 목에 시퍼런 멍이 둘러쳐져 있다. 금순은 식탁에 앉아서도 뜨개질을 한다. 영옥이 냉장고 문을 열어 물병을 꺼내면 어느새 사과를 먹고 있던 이화가 나와 식탁에 앉는다. 영옥은 냉수를 따라 벌컥벌컥 마신다. 유령들은 식사를 한다.)

영 옥　보이는 것 같아. 죽어서도 식탁을 차리는 엄마 모습이. 미치겠어. 집에 오면 들린단 말야. 느릿느릿. 비틀비틀. 천천히 움직이는 몸. 수액이 모두 빠져 나간 장작같이 말랐었지. 비참할 정도로. 죽는 순간까지 엄마는 싸우고 있었어. 신경안정제와 말이지. 약을 먹지 않고도 견딜 수 있다고 믿었던 엄마. 엄마는 바보야. 한 남자와 살기 위해 정신이 돌아버린 엄마는 바보… 바보 바보 바보 바보.

(영순은 밖으로 나간다. 영옥은 컵을 든 채 벽장을 열고 양주병을 꺼내 들고 이층으로 올라간다. 택시가 떠나는 소리….부엌 조명 어두워지고, 현관 밖이 떠들썩해지지만 아직 등장하지 않고 있다. 유령들이 이쑤시개로 이를 쑤시거나 트림한다.)

금 순　한없이 한없이 배가 고프고, 한없이 한없이 먹어도 허해. 유령이 되면, 냄새로 먹나 봐. 그래도 이 사이에는 뭐가 껴!

숙　웃기네. 정말 웃겨. 이 집구석에 뭐 얻어먹을 것이 있다고 왔어? 노가 귀신아!

금 순 노가? 내가 원래는 김가 귀신이었다.

숙 얼래? 김가 귀신?

금 순 그래, 이 쉥년아. 너 때문에 이 집서 밀려났다.

숙 밀려났나? 니가 도망갔지. 노가 종놈하고 붙어서.

금 순 얼라? 내 서방하고 넌 안 붙었냐?

이 화 아유. 왜들 이래. 오랜만에 저녁 먹고.

숙 넌 꺼져.

이 화 내가 왜 꺼져. 너나 꺼져. 이 미친년!

숙 (머리를 잡아 당긴다) 이년! 너 오늘 죽어봐!

이 화 아얏! 미친년이 죽을려고 환장했나!

숙 이년아 한 번 죽제. 두 번 죽냐?

이 화 (숙의 귀를 뜯는다) 에이!

숙 아! 내 귀! 내 귀 내놔! 내 귀!

이 화 (식탁을 뱅뱅 돌며) 나 잡아봐라!

금 순 이리 던져!

이 화 (귀를 던진다) 자! 잘 받아!

숙 (주저 앉아 운다) 이년아! 엉엉 내 귀 내놔라! 엉엉

금 순 (냄새를 맡는다) 아유! 푹 썩었네. 푸르중중한 거 보이

약도 어지간 처먹었나 보다.

이 화 신경안정제에 수면제에 사리돈에 뇌신에 엄청나게 중

독됐다.

금 순 (딱하다는 표정을 지으며 귀를 던져준다) 옛다! 너도 기풍이
그놈하고 사느라 고생 많았제. 아들 중독에 빠진 놈하
고 살아본까네 어떠냐? 그놈 차지할라꼬 애문 여자
머리끄댕이 많이 잡아당겼제? 니같이 어구셔야 일부
종사하제. 나같이 여리디 여리면 일부종사 글렀다.

이 화 일부종사가 어디 자랑이냐?

금 순 훈장감이제.

숙 놀리지 마라. 나 일부종사 안 했다.

이 화 뒤로 호박씨 깠나?

금 순 그럼 누구랑 은우지정을 나눴노.

숙 (이화를 가리키며) 너하고 영감이 살 때 어떤 군인이랑
나눴다.

이 화 영감도 알았나?

숙 응… 영감이 아무 말도 안 하더라. 나 죽을 때까지 자
식들한테 입도 뻥긋 안 하더라.

금 순 이 화냥년! 일부종사를 해야제 왜 딴짓 했노.

숙 지랄하네. 니는 안 했나?

금 순 나는 그렇다치고 니는 뭐 억울하다고 여기 붙어 있노

숙 그러는 니는 왜 노가한테 안 가고 여기 오노

금 순 나야 딸년들이 둘이나 되니 여기 오제.

숙	니 노가한테 가서 아들 둘 낳잖냐!
금 순	아들 한 놈은 어릴 때 물에 빠져죽고 한 놈은 목사 됐다.
이 화	그럼 목사 아들한테 부탁해서 천당 가제 뭐 하러 여기 왔노.
숙	그래, 이 골빈년아.
금 순	골빈년 골빈년 하지마 이 쉉년아.
숙	뭐? 쉉년? 아까부터 자꾸 쉉년이라 할래?
금 순	쉉년보고 쉉년이라 하는데 어쩔래?
이 화	한바탕 싸워라! 이 잡귀들아.
금순, 숙	뭐 잡귀?
이 화	헤헤 아니다. 나도 잡귀지 뭐. 근데 목사 엄마 왜 천당 안 갔노?
금 순	천당도 만원이라카대.
숙	만 원밖에 안 하나?
이 화	아이, 무식해.
금 순	니는 소학교라도 나왔다카면서 왜 그렇노
숙	입학식만 하고 못 가봤다. 우리 친정아배가 일본놈한테 안 맡긴다면서 델꼬 와버렸다.
이 화	그래도 상식이라는 게 있다.
숙	내사 열아홉 살에 첫아들 잃고 상식이고 뭐고 귀에 들

어오는 게 없다.

금 순 팔자에 아들 없는 서방하고 사느라 니캉내캉 이래 됐부랬네.

숙 씨가 잘못 됐는데 내 밭만 탓하대.

이 화 니 밭도 잘못되긴 잘못됐다. 어째, 영옥이만 낳고 고만 문 닫아버리노.

숙 (울화통이 치민다) 내가 닫고 싶어 닫았나?

금 순 니 심보 사나와 닫겼다. 반성해라.

숙 나 반성할 거 하나도 없다.

금 순 니 이화 쫓아서 기차에 치도록 했제?

이 화 맞다. 내 애를 저 미친년이 죽였다.

숙 내가 죽인 거 아니다. 난 이불 안 덮었다.

이 화 애기 우는 소리에 막 달려가니까 발밑이 차갑대. 가만히 보니까 저기서 환한 것이 달려오더라. 우리 애기 얼굴 같더라.

금 순 쯧. 기차하고 박치기 했나보네.

이 화 가시나라꼬 죽였제? 나 다 안다.

숙 안 죽였다. 죽어서까지 거짓말 할 일이 뭐 있노.

금 순 됐다. 고만 입 다물어. 밖이 시끌하니 누가 왔나보다.

(영진은, 거실로 들어선다. 그 뒤에 영순과 김기풍이 앉은 휠체

어를 미는 영화가 정지된 화면처럼 멈춰 선다. 영진은 해골 같은 얼굴에 열에 들뜬 눈빛만 강렬하다. 열린 현관문으로 마지막 석양빛이 애타게 붉다. 그 빛을 등지고 가족들은 할 말을 잃은 표정으로 멍하니 영진을 주시한다. 낡은 청바지에, 흰 블라우스를 입은 영진은 병색이 완연하다. 유령들은 거실로 나오다가 영진과 마주친다. 영진은 놀란 표정으로 유령들을 본다. 유령들도 놀란다. 갑자기 바람이 몰아치면서 현관문이 닫힌다. 영진은 그대로 쓰러진다. 물고기 풍경소리 요란하게 울리면서 암전된다.)

제 2 막

조명은 바퀴 달린 커다란 가방 세 개를 비춘다.

노크소리.

조명이 출렁인다.

가방 안에서 숙, 이화, 금순 세 명의 유령이 고개를 내민다.

조명이 비춰지는 순서대로 빠르게 말한다.

먼저 조명은 출렁거리다가 이화에게 뚝 떨어진다.

이 화   나는 내 장례식에 참석했어. 사람들이 우는 소리를 들었지. 살았을 때나 죽었을 때나 달라진 건 없어. 단 있다면, 만질 수 없다는 사실이야. 인간들이 어리석은 욕망에 사로잡히는 걸 보고, 또 그 욕망이 사그러지는 것도 보고, 다시 반복되고 반복되는 것을 보았지. 죽음이 모든 것을 해결하진 않아. 죽음은 완벽한 구원이 아니니까. 마음대로 공기처럼 떠다닐 수는 있지만, 죽음으로 해서 그 번뇌를 초월하지는 못해. 그렇다고 해서 번뇌를 계속하는 것도 아니지. 다만 기억된 행복, 기억된 불행, 기억된 악몽으로만 떠돌 뿐이야. 내 옷은 바람에 닳아버렸고, 내 눈물은 모양을 가지지 못하고 내 웃음은 소리를 가지지 못하지. 완전히 無로 된 나를 나는 보고 있어. 그렇다고 해서 슬프지도 않지만, 예전의 슬픔이 사라지는 것도 아니야. 그러니까 하염없이 하염없이 떠도는 거야. 살아온 나날의 기억이 줄지도 늘지도 않고, 늘 그대로인 것처럼, 죽음은 정지야. (조명은, 숙에게 떨어진다) 정지. 완벽한 정지!

숙　나는 여기 들앉아서 봄이 지나기를 기다렸제. 어서 쏜살같이 지나가길. 땅이여 녹지 말아라! 싹이여 안전한 씨 속에 들어 있어라. 개구리여 깨어나지 말아라. 뱀이여 너는 계속 꿈꾸거라. 나무여, 눈뜨지 말라. 심장은 꽁꽁 얼은 빙산이 되라. 여기 들어 앉아 봄이 지나기를 기다렸제. 봄아, 영원히 꺼져버려! 땅이 새순들을 토해낼 때, 나는 어린 나이에 ,아들을 땅에 돌려줘야 했제. 그로부터 40년 동안 내게 봄은 사라졌어!

금 순　(우물의 뚜껑을 열고 나온다) 예전에 나는 교회당 서까래에 목을 매려 했제. 마지막으로 새벽기도를 올렸제.

결코 천국에 가기도 싫고 지옥은 더더구나 싫으니 어떤 것으로도 태어나지 말게 해주소서. 아멘. 뭐 이런 기도를 중얼거리고 있는데, 붉은 불덩어리가 난데없이 머리를 치더니 소곤소곤 속삭이는 거야. 장하다. 어서 목을 매. 목을 매. 저기 튼튼한 새끼줄이 있네. 가서 목을 매. 아멘. 나는 즐거이 목을 맸다네. 천사장이 용기를 줬제. 아멘. 할렐루야. 덕분에 나는 천당도 지옥도 안 가고 여기 남을 수 있었지. 멋대로 머물고 싶은 곳에 머물 수 있어. 육체로부터 자유로움이 얼마나 큰 해방이냐.

(세 유령은 가방에서 나온다.
숙은 긴 담뱃대에 불을 붙이고, 이화는 손거울을 들고 교복칼라의 먼지를 털어내고, 금순은 먼지가 보얗게 앉은 종이같이 버석거리는 웨딩드레스의 주름을 편다.)

숙	오늘은 손님이 올 거야.
이 화	오늘 아니면, 내일 올 테지.
금 순	아유, 먼지! 먼지때문에 못 살겠다.
숙	못 살겠으면 죽어라.
금 순	이미 죽었다.

이 화	또 싸워? 재수없게.
숙	재수 옴 붙었다.
금 순	누가 와?
숙	손님.
이 화	영감 손님이다.
신 부	우리 손님은 아니고?
이 화	우리 손님일 수도 있다.
숙	몇 년 동안 끊긴 손님이 온다.
금 순	유령 청소부는 아닐까?
이 화	니가 유령이니?
숙	담배 피는 유령 봤어?
금 순	바람에 말린 내 기억.
이 화	바람에 말린 내 육신.
숙	오늘은 손님이 온다.
금 순	대청소하면 곤란한데.
이 화	왜?
금 순	바람에 바스라질 테니까.
이 화	아, 재밌어.
숙	뭐가?
이 화	먼지처럼 되는 거.
금 순	재밌기도 하겠다.

이 화	손님이 오면, 배부르게 먹겠지?
금 순	꿈 깨.
이 화	옷이라도 얻어 입겠지?
금 순	꿈 깨.
숙	어쨌든 오늘은 손님이 올 거야. (가방을 끌며 무대를 가로질러 간다)
금 순	오늘 아니면, 내일 올 테지.
숙	(담뱃대로 신부 면사포를 친다) 온다면 오는 줄 알아!
금 순	(무표정하다) 나, 건드렸니?
이 화	쉿…!

(방 한가운데 누운 영진에게 조명이 떨어진다. 그 옆에 김기풍, 신문을 든 채 졸고 있다. 영진이 눈을 뜬다.)

금 순	눈을 떴네.
이 화	우릴 못 볼 거야.
숙	암, 그래야지. 삶과 죽음의 경계는 확실한 게 좋아.
이 화	내 아기를 닮았네.
숙	니 아기가 아냐.
이 화	그럼, 누가 훔쳐갔지?
숙	니 아긴 죽었어. (노래하듯이) 울지도 못하고, 새파랗게

떨다가 꽃이 지듯이 달이 지듯이 소리도 없이 죽어버렸어.

이 화   누가 죽인 거 같아.

숙   누가? 누가 그러지?

이 화   너희들이!

금 순   내가?

이 화   (숙을 가리킨다) 너, 그리고 네 남편.

금 순   (김기풍을 가리키며) 내 남편이기도 하지.

숙   나는 아니야. 이불을 덮은 건 내가 아니야.

이 화   어디에 묻었어?

숙   몰라.

이 화   서! 서란 말이야! 서!

(숙은 벽장으로 들어가 버리고, 이화는 신문을 낚아채 던져버린다. 금순도 이화의 서슬에 우물 속으로 들어가 버린다. 이화는 휠체어를 밀쳐버리며 우물 속으로 들어간다.

김기풍은 휠체어에서 일어나 신문을 주우러 걸어간다. 그는 전혀 불편해 보이지 않는 자세다. 자리에서 일어나던 영진, 아버지와 마주친다.)

김기풍   이제 괜찮냐? 어디 놀란 거냐 아니면 영양실조냐?

영 진　(의아하게 휠체어와 아버지를 본다) 아버지….

김기풍　(변명하듯이) 아직 아니다. 이렇게 걸을 수 있을 지경은 아니야…. 으음… 아니 ,아직 걸어선 안되지. 좀 쉬라고… 의사 선생 말이 좀 쉬라고 했다… 거짓말이 아니다.

영 진　예.

김기풍　믿지?

영 진　예.

김기풍　(안심하고) 니 언니들한텐 절대 비밀이다. 약속. 약속하자. (손가락을 내민다. 영진은 익숙하게 새끼손가락을 내민다) 이런 몰골로 있어야 조금이라도 가책을 느끼지. 안 그러면 애비가 죽든 살든 상관 안할 거야. 이제 나 혼자 어느날 불시에 죽을지 몰라. 여자들도 돈 있어야 데려오지. 늙은 영감 뭘 보고 오겠니. 그래도 여자친구 셋이 있는데 하나는 나와 동갑이야. 너 궁합 좀 봐라.

영 진　(주위를 둘러본다) 아까 그 여자들이에요?

김기풍　(손가락을 세며) 나랑 동갑인 갑자생이 한 명 있고, 올해 환갑인 범띠 여자, 일곱 살 아래 양띠 여자가 있다. 누가 좋겠냐?

영 진　죽은 엄마가 왜 집에 있죠?

김기풍　웬 헛소리냐. 봐라 한 번. 누가 나와 찰떡궁합이냐.

영 진 지금 그런 거 볼 상황이 아니에요. (이불을 갠다)

김기풍 어디 가냐? 니 언니들한테 말하면 안 돼. 정말이다.

영 진 아버지…. 언니들한테 너무 인색하게 굴지 마세요. 아버지의 외로움은 아버지께서 만드신 거예요.

김기풍 아들도 없는데 돈이라도 있어야지. 이 돈주머닐 풀면 난 알거지가 되고 말 텐데. 그렇다고 너가 날 먹여 살릴 테냐? 니 몸뚱이 하나 건사 못하고 픽픽 쓰러지기나 하고, 결혼할 생각도 없고, 그렇다고 뾰족하게 뭘 이룬 것도 아니고. 니가 한 게 뭐 있냐? 널 보면 난파선에 남은 날개 부러진 비둘기가 생각난다. 니가 내 희망이라고? 택도 없다. 차라리 병신 아들을 믿지. 그나마 내가 믿을 병신 아들도 없다…. 죽음이 보여. 내 직감은 항상 들어 맞았다. 우리 증조 할아버지도 자신의 죽음을 정확히 알아 맞추셨어. 당신이 들어가실 관까지 손수 맞춘 다음 날 아침에 임종하셨지. 모든 자식들이 지켜보는 가운데 말이다. 이 얼마나 행복한 죽음이냐. 나도 그렇게 죽고 싶다.

영 진 같이 사는 거 싫어하시잖아요.

김기풍 니가 왜 여기 사냐? 시골 구석에. 희망도 없는 곳에. 내가 널 책임지지도 못하는데. 난 너한테 아무것도 물려줄 수 없어. 니가 벌어서 시집가야지.

영 진 도무지 뭐가 뭔지 모르겠어요. 전 아버지 말씀은 모두 들어드렸어요. 아버지 맘에 어긋나는 행동은 안 하려고 애썼어요. 그랬기 때문에 상기 씨와도 헤어졌구요.

김기풍 잘 했어. 한눈에 봐도 널 진탕 고생시킬 놈이었어. 너 설마 후회하는 건 아니지? 날 원망하냐? 이제 생각해 보니 너… 그놈 못 잊어 선도 안 보는 거지.

영 진 아니에요!

김기풍 맞았어. 너도 니 언니처럼 야밤도주해서 이 애비 얼굴에 똥칠하고 니 인생 끝장내지 그랬냐. 길이 아닌 곳은 가지를 말라 했다. 한 번 주어진 인생인데 돼지한테 진주를 던져줘? 아니될 말이지.

영 진 난 진주가 아니에요.

(영진, 베란다로 나와 쭈그리고 앉아 고개를 파묻는다. 김기풍은 잠깐, 가슴 아픈 표정으로 허공을 본다.)

김기풍 한때 그럴 때가 있다. 사방이 막힌 느낌. 혼자 세상에 버려진 느낌. 나는 두 번의 전쟁을 겪었다. 대동아 전쟁. 6·25 전쟁… 폐허 속에서 살아남으려고 탄광촌에서 처음으로 곡괭이를 쥐었지. 내 소원은 흰 쌀밥 원 없이 먹는 거였다. 돈이 되는 것은 무엇이든 팔고

사고 팔고… 그러다 내 평생 소원인 땅을 샀다. 전쟁
이 터지면 남는 건 땅뿐이야. 건물은 불타면 흔적없이
사라지지. 하지만 땅만은 남는 거야. 땅이 내 꿈이고
무덤이야…. (냉정한 표정으로 돌아온다) 나에 비해서 넌
얼마나 좋은 시대에 태어났냐. 그렇게 힘들게 간 대학
때려치우고 공장이나 전전하고 무슨 글을 쓰겠다고
이젠 몸까지 다치냐 말이다. 넌 멀었어. 너같은 아이
는 전쟁터로 몰아내야 해. 사는 건 전쟁이야. 한순간
도 놓치지 마라. 죽기 살기 살아도 힘든 세상이야!

영 진 그만 하세요. 난 더 이상 강해질 수 없어요. 약자라고
요. 내 자신이 나를 사랑하지 않는데 어떻게 더 강해
지겠어요.

김기풍 허! 거 무슨 개뼈다귀 같은 소리냐.

영 진 저도 저를 이해 못하겠어요. (기침을 한다)

김기풍 (외면하며) 창문 닫아. 곧 있으면 다리에 침 놔주러 권
선생이 올 거야. 니도 알지. 술탁보 (말하면서 점점 부아
가 치민다) 그 아들이야. 보통학교 문전에도 못 가 본
놈을, 내가 주판 가르치고, 장사 가르쳤더니, 아들 하
나 한의사 만들고, 판사 만들고, 대학교수 만들더니,
아들 덕에 동남아 관광하고, 중국 길림성 가고, 백두
산 천지까지 갔다 왔다. 선글라스 걸치고 온갖 똥폼

다 잡고 찍은 사진 보여주면서 이러더라. '구경이고 뭐고 막걸리가 젤 생각나데.' 그런 무식한 놈이 어딨냐. 장님 코끼리 만지기지. (깊은 한숨) 휴유! 니가 아들이면 얼마나 좋겠냐.

(침묵을 지킨다.
방의 조명이 어두워지면 부엌 조명이 밝아진다.
부엌 뒷문에서 영화가 들어온다. 울타리에서 꺾은 장미를 들고 있다. 영순은 미음을 그릇에 퍼 담고, 식탁에 놓는다.)

영 화 언니! 장미하고 나하고 어울리지 않아?

영 순 그래, 장미가 늙었다면 몰라도 젊은 장미랑은 안 어울린다.

영 화 늙은 장미가 어딨어. 장미도 나이를 먹어?

영 순 그래. 장미가 시들면 그게 나이를 먹는 거지 뭐.

영 화 후후. 언니는 시든 백합이야.

영 순 백합은 싫다. 백합이 시들면 얼마나 추하다구.

영 화 시드는 꽃은 왜 다 추해 보일까. 여자처럼 말이야.

영 순 너, 아직도 그런 소릴 하니? 꽃하고 여자는 달라. 처녀 적에 너가 그런 소릴 했지. 절대 추하게 늙지 않겠다고 말이야.

영　화　나 어떻게 늙은 거 같애?

영　순　(물끄러미 영화 얼굴을 본다) 모르겠다. 나이를 먹으면 얼굴 인상은 자신의 책임이라고들 말하지. 하지만, 내가 두려워하는 사람들은 겉과 속이 다른 사람들이야. 겉으로는 친절하고 착하지만, 속으로는 끊임없이 경계하고 질투하는 사람.

영　화　사람들이야 다 그렇지 않아?

영　순　어쩌면 나도 그렇겠지. 그러나 철저하게 경계와 질투를 속이는 사람말야. 한 번이라도 화난다거나 질투난다는 그런 감정을 드러낼 만도 한데 말야. 그런 감정을 꼭꼭 숨겨두고 돌아서 공격하는 자들 말야.

영　화　내가 그렇다는 거야?

영　순　왜? 너가 그러니?

영　화　(말을 돌린다) 영진이 말야. 아무래도 심상치 않아. 어디가 많이 아픈 거 같애.

영　순　어릴 땐 저렇게 약하지 않았어. 제가 글 쓰면서 저렇게 된 것 같아.

영　화　대학다닐 때 너무 굶어서 그래.

영　순　하긴, 아버지가 생활비를 넉넉히 보내진 않았겠지.

영　화　아예, 전무한 상태였지. 영진이 대학 다닐 때 자취방에 찾아가 보니까 감자만 두 개 있고 쌀은 아예 없더

라니까. 과외도 금지된 시기여서 방학 때라도 카운터
봐달라 했어.

영 순 (의심스럽다) 너… 영진이에게 허튼 짓 한 거 아니겠지?

영 화 언니같은 줄 알아? 내가 누구야? 더도 덜도 아니고 꼭
일한 만큼만 월급줬어. 어디 월급만 준 줄 알아?

영 순 월급말고 뭘 줬어?

영 화 응? 으응. 아냐 아무것도.

영 순 (의심스러운 표정) 너, 남자 소개시켜 줬니? 영진이 저
애 상처받은 거 나 직감으로 알아. 너지? 너가 영진이
버린 거지?

영 화 영진이 개가 버려질 애야? 얼마나 영악한데 그래. 속
으로 계산이 빠한 아이야. 돈 많은 부자집 아들 소개
시켜주니까 눈이 대번에 빛나더라니까. 개도 별 수 없
어. 종착지는 솥뚜껑 운전이라구. 좀 괜찮은 솥뚜껑
없나 하고 눈이 벌겋다니까.

영 순 세상에, 그랬구나. 영진이가 자퇴하던 해. 그러니까
그 무렵이 대학생들 데모 한창 했을 때지. 너, 다방 때
려치우고 강사장인가 장사장인가 하는 사람이랑 부산
으로 도망칠 때였어. 누가 자꾸 내 뒤를 캐고 다녔어.

영 화 누가 우리 집하고 사돈 맺겠어. 더구나 영진이 엄만
여러 번 시집갔잖아.

영 순　닥쳐! (영화 움찔한다)…. 니 삶이 망가졌다고 니 동생까지 망쳐야 되겠어?

영 화　(애써 태연하게) 다 지 팔자야.

영 순　이제 알겠어. 넌 계획적으로 그앨 망친 거야.

영 화　언니. 혼동하지마. 진짜 동생은 나야.

영 순　하지만 넌 엄마하고 살았어.

영 화　(조롱한다) 허!

영 순　나나 영진인 계모한테 자랐어. 너 그게 어떤 건지 아니?

영 화　(빈정거리며) 그래도 넌 아버지가 학비는 대줬잖아. 니가 바람만 나지 않았더라면 얼마든지 공부할 수 있었어. 영진이처럼!

영 순　웃기는구나. 책이란 책은 모조리 불태우는데 공부를 해?

영 화　그럼 나라도 공부하게 도와줬어야지.

영 순　…. (넋을 잃는다)

영 화　중학교 입학금 때문에 널 찾아갔을 때 왜 아버지를 못 만나게 했어?

영 순　….

영 화　교장선생님 집에 날 식모로 넘기고, 어떤 놈팽이랑 넌 야밤도주 했어.

영 순   ….

영 화   그래도 난 언니를 기다렸어. 세상에 단 하나뿐인 친 언니를, 기다리고 또 기다리다가….

영 순   (힘없이) 그만. 해명하는 것도 지쳤다. 거기가 안전하다고 생각했기 때문에 널 소개시켜준 거야. 영옥이 엄마, 더 이상 아이를 가질 수 없으니까 완전히 미쳐버렸어. 난 모든 것이 지긋지긋했어. 아버지는 내 친구 이화랑 미쳐버리고, 난 시시껄렁한 놈한테 미쳐버렸어. 교장선생은 너가 공부할 수 있도록 도와준다고 했어. 난 그 말을 믿었고.

영 화   고양이한테 생선을 맡긴 셈이지.

영 순   돌아와보니까 넌 돈을 훔쳐 달아났어

영 화   열네 살짜리 순결을 생각한다면 작은 돈이지.

(그들은 서로 등지고 서서 말이 없다. 영화는 손끝으로 식탁을 툭툭 친다. 영화의 시선은 냉장고에 머문다.)

영 화   아직도 저 냉장고야? 정말 골동품이야.

영 순   (멍한 표정) 그땐 최선이었어. 왜 이제야 얘기하지? 넌 내 친동생이지만, 속을 모르겠어. 차라리 영옥이를 더 잘 알 것 같애.

영 화 언니야 나보다 영옥이랑 더 많이 살았으니까 그렇지.

영 순 영옥이도 이제 자리잡았다는구나.

영 화 (다짜고짜) 거짓말일 거야. 내가 알아. 화장품가게하고, 옷가게 손해보고 넘겼어. 빚이 반이라던데 어떻게 모텔을 사. 여인숙도 못 살 거다.

영 순 맨날 돈 없다고 우는데 이번엔 왜 그랬지?

영 화 집에서 가져간 게 얼만데? 비전을 보여줘야 아버지가 또 보증이라도 서 주지. (은밀하게) 나한테도 돈 꾸러 왔더라.

영 순 너한테?

영 화 일수 돈 못 갚아서 배보다 배꼽이 더 커져버린 거야.

영 순 하긴, 콩으로 메주를 쑨대도 그애 말은 믿을 수 없어. 또 한바탕 난리났겠구나. 아유, 지겨워!

영 화 고양이한테 생선을 맡기지 돈이 남아 돌아도 그앤 안 꿔줘.

(영순은 죽그릇이 담긴 쟁반을 들려고 일어나다가 힘없이 주저앉는다.)

영 순 가서 영진이나 깨어 와.

영 화 아예 방에 가져가지 그래?

영　순　그 방에 가기 싫어.

영　화　왜?

영　순　벽장이 싫어. 소름끼쳐.

영　화　벽장이 어때서?

영　순　(기억하고 싶지 않은 표정) 엄마가 발작하면 아버진 벽장에 가둬 놓았잖아.

영　화　영옥이 엄마? 언니한테 엄마는 우리 엄마 뿐이야.

영　순　그래도 날 키워준 사람은 영옥이 엄마지.

영　화　(화가 난다) 언니는 자존심도 없어? 철저하게 언니를 망쳤잖아.

영　순　누굴 원망하겠니. 다 내 탓이야.

영　화　왜 언니 탓이야? 약혼 파혼하게 한 것도 다 영옥이 엄마잖아.

영　순　그만 해. 옛날 이야기 꺼내지 마. 정말 집에 오고 싶지 않아. 집에만 오면 머리가 터질 것 같애. 나도 몰라. 이렇게 금방 사십이 넘으리라곤 상상도 안 했어. 제대로 살아보지도 못하고 말야. 어긋난 삶이 이렇게 공허하리라곤 상상도 못 했어. 이제 와서 어떻게 되돌리니. 처음부터 다 어긋났는데!

(영순, 등을 돌리고 창밖을 본다. 이층에서 영옥이 빈 술병을

(들고 내려오다가 영화의 말을 듣고 멈춰선다.)

영 화   영옥이가 언니 첫사랑을 가로챘다는 거 알았을 때 나 영옥이 죽이고 싶었어. 그때 나는 영옥이 엄마도 죽이려고 했어. 복수심에 활활 불탔지. 겨우 열여섯에 나는 힘을 길러야 한다고 생각했어. 영옥이 엄마는 키가 크니까 이기려면 힘이 있어야 한다고 생각했지. 그래서 생각해낸 게 태권도야. 엄마를 졸라서 태권도를 배웠어. 그 시절에 말야. 70년도에 말야. 내 또래 여자애들이 양재학원에 다닐 때 난 태권도를 배웠어. 그래서 찾아왔어. 보니까 언니는….

영 순   (차갑게) 그만 해. 그만!

영 화   언니는 옷이 다 찢겨져서 울고 있었지. 아버지는 아들 보겠다고 이번엔 언니 친구하고 언니 자취방에 살림 차리고, 그 미친년은 언니한테 화풀이하고, 영옥인 언니 첫사랑을 가로채서 서울로 도망갔고… 참 가관이더군.

(영옥이 주저앉아 귀를 막는다.)

영 화   눈에 불이 나대. 다짜고짜 비단가게로 쳐들어 갔어.

몇 년 동안 이를 갈면서 배운 태권도 실력을 보여줄 기회니까. 이왕이면 쇠파이프 하나 들고 갔지. 영옥이 엄마가 파란 한복을 입고 담배 피우고 앉아 있대. 영진이가 화투를 치다가 날 보더니 자동인형같이 인사를 하는 거야. 잘 훈련된 개처럼 말이야. 겨우 다섯살 된 애가 웃음기는 하나도 없이 무표정하대. 영진이를 불러 돈을 주면서 가게 가라 했더니 이게 안 가는 거야. 눈치만 살살 보면서 말야. 영옥이 엄마가 가라 하니까 가대. 영진이가 안 보이자 다짜고짜 유리창부터 박살을 내버렸어. 모조리 다 깨트렸어. 그랬더니 쉰년이 가만히 앉아 보는 거야. 욕도 안 하고 이상하대. 다음엔 비단두루마리 끄트머리를 잡고 가게 앞 장바닥을 그냥 하염없이 걸었어. 흰 비단 붉은 비단 푸른 비단을 진창에 마구 펼쳤더니 그제야 발악을 하는 거야. 오냐! 이제 본색을 드러내는구나. 이 첩년아! 하고 소리를 질렀어. 그랬더니 맨발로 날뛰면서 쫓아오는 거야. 온갖 쌍욕을 다 하면서 말야. 그래서 내가 누구야. 복날 개 패듯이 마구 팼다니까. 그때 내 나이 열아홉이었어. 고작 그 나이였다니까. 나도 이판사판 우리 엄마 팔자 망치고 언니 팔자까지 망쳤다고 생각하니까 눈에 뵈는 게 없대. 마구 팼지. 퍽퍽 팼다니까. 코

피가 나고 이마에 피가 흐르니까 사람들이 그제야 말리더라구. 너무 놀랐는지 아무도 말릴 생각 못하더라니까. 그때 난 몽둥이 내버리고 튀어버렸어. 어쩌면 곧 죽을 거 같았거든. 꽥꽥거리는 게 꼭 돼지가 맞아 죽을 때 내는 소리같았다니까.

(영옥, 더 이상 참지 못하고 술병을 부엌으로 던진다. 술병은 부엌 바닥에 요란한 소리를 내며 깨진다.)

영 순　(놀란 가슴을 움켜잡고 눈을 감는다) 아… 이게 뭐야….

영 옥　(혀 꼬부라진 소리로 완전히 몸도 못 가누면서 갈지자로 걸으며 부엌에 온다) 그래, 니가 뭘 알아? 너만 아팠어? 나는 상처없이 큰 줄 알아? 니 상처만 대단한 거야?

영 화　너 죽고 싶니?

영 옥　그래. 죽고 싶다 어쩔래!

(영화에게 와락 덤빈다. 영화는 물찬 제비처럼 피한다. 그바람에 영옥은 바닥으로 나동그라진다.)

영 순　(영옥을 일으키며 영화에게) 옛날 얘기 꺼내서 어쩌자는 거니? 그런 얘기 하려고 왔어? 왜 생각하기도 싫은 일을 자꾸 끄집어내? 응?

영 화　(술병을 내려다보고) 으! 미친년! 성질 더러운 게 지 엄마
랑 똑같네.

영 옥　너 죽을 줄 알아. 우리 엄마가 왜 첩이냐! (다시 넘어진
다)

영 순　(영옥이를 일으킨다) 이게 뭐니! 깡패같이 이게 다 뭐 하
는 짓거리야!

영 옥　깡패? 그래. 나 깡패였다 어쩔래? 칠공주파에서 제일
독한 년이었제. 나한테 걸리는 년들은 모조리 면도칼
맛을 보여줬어! (싱크대를 뒤진다) 어딨어! (싱크대에 있는
그릇들을 바닥에 마구 내팽개친다)

영 순　그래, 자랑이다.

영 화　내버려 둬. 언니.

영 순　얘가 오늘 일 내겠다! 일 내겠어!

영 화　일 못 내.

영 순　아유. 나 몰라. 죽이 되든 밥이 되든 나 몰라.

(영순은 죽그릇이 담긴 쟁반을 들고 거실로 나온다. 영진은 소
란스러운 소리에 일어나 거실로 나오다가 영순과 마주친다. 영
순은 영진을 끌고 방으로 들어간다. 영진은 부엌쪽을 바라보며
방으로 끌려 간다. 김기풍은 그 와중에도 신문을 보고 있다. 영

순이 신문을 들면 김기풍은 졸고 있다. 그러나 어쩌면 기절한 상태인지도 모른다.

영옥은 서랍에서 칼을 꺼낸다. 황혼은 붉다 못해 피같다. 영진과 영순은 서로 왔다 갔다 하며 귀를 기울인다.)

영 화   얼씨구. 찔러! 찔러봐!

영 옥   뭐야? 내가 너같은 거 못 찌를 줄 알아?

영 화   (여전히 의자에 앉아 꼼짝 않는다) 찔러라! 나 죽는 거 무서웠음 벌써 인간 됐다. 내가 어떤 년인데. 너같은 년 칼에 떨 줄 아냐? 사시미 칼이 코앞에 있어도 눈 하나 까딱 안 한 나야. 너, 찌를 수 있음 찔러봐.

영 옥   흥! 내가 왜 너같이 더러운 년 피로 손을 더럽히냐? (희미하게 웃는다) 차라리 내 손을 자르는 게 낫지.

     (영화, 비명을 지른다. 영옥의 손목에서 피가 난다. 영옥은 희미하게 웃는다. 영진이 방에서 뛰쳐나간다.)

영 화   미쳤어. 미쳤어. 완전히 미쳤어.

영 옥   흐흐 그래, 이년아. 나 미쳤다. 어쩔래?

영 화   (칼을 뺏어 던지고 영옥의 손을 뒤로 꺾는다) 이 독한 년!

(영진이 부엌에 들어가고, 영순은 뒤따라 나오려다가 방 베란다
에 서서 목단을 내려다 본다.)

영 진 무슨 일이야?

영 화 붕대 좀 가져와. 소독약하고⋯. (영옥에게) 야, 이년아.
날 찌르지 왜 니 손모가지를 자르고 지랄이냐!

(영진, 거실로 가서 장식장을 열고 약상자를 꺼낸다.)

영 순 누가 다쳤니?

영 진 (울먹이며) 영옥이 언니. (부엌으로 달려간다)

영 순 (자신을 진정시키느라 안간힘을 쓰며 냉정하게) 그럴 줄 알
았어.

(영진이 영화에게 소독약을 준다.)

영 화 붕대부터 줘. 이년 손부터 묶어야지.

영 옥 놔라! 이년! 이 더러운 년아!

(영진이 울면서 붕대를 준다.)

영 화 (영옥을 능숙하게 의자에 앉힌 뒤 의자에 묶는다) 너 같은
년은 소리만 요란한 깡통이야. (영진에게) 소독약! (영진
을 힐끗 보고) 니가 왜 우니. 언니는 어디 갔어. (영진은
더 크게 운다) 제기랄! 대학까지 나온 년이 담이 그 정
도냐?

영 옥 대학하고 담하고 무슨 상관이냐? 대학이 무슨 깡패집
단이냐?

영 화 얼랄라? 정신은 말짱하네. 맛 좀 봐라! (소독약을 상처에
붓는다)

영 옥 아! 따거워!

영 화 (깔깔 웃는다) 호호호. 맛 좀 더 봐라! (소독약을 더 붓는
다)

영 옥 아! 사람 잡네.

영 화 야, 내가 너보다 밥을 먹어도 일 년은 더 먹었고, 똥을
싸도 일 년은 더 쌌다. (영진에게) 붕대!

(영진은 영화에게 붕대를 건네주고, 영화는 영옥의 손목을 붕대
로 칭칭 감는다. 또 영진은 반창고를 떼어주고, 영화는 반창고
로 단단하게 둘러맨다. 영진은 천천히 울음을 그친다.)

영 화 (상처를 일부러 탁 때린다) 자를려면 좀 확실하게 자르지

손만 더러워졌잖아!

영 옥   아…!

영 화   (냉장고에서 냉수를 꺼내 벌컥벌컥 마신다) 오랜만에 피 보니까 식욕이 난다. 아 배고파. (냉장고에서 사과를 꺼내 우적우적 씹어먹는다. 한 개를 집어 영진에게 들어보이며) 너 먹을래? (영진이 고개를 저으며 영옥을 의자에서 풀어준다) 아직 내비둬. 영진아 너 나가줄래? 영옥이랑 얘기 좀 하게.

영 진   (영옥에게) 언니 괜찮아?

영 옥   이거나 풀어!

영 화   (영진에게) 걱정 마. 넌 언니한테 가 있어.

(영진은 방으로 들어와 베란다로 가서 영순 옆에 나란히 서서 영순이 보고 있는 목단을 본다.)

영 화   향수는 고급으로 썼네.

영 옥   이거나 풀어.

영 화   너 무서워서 못 풀어주겠다.

영 옥   니도 무서운 게 있냐?

영 화   나? 후후. 없어.

영 옥   어서 이거나 풀어!

영 화   나, 너랑 싸우려고 온 게 아냐.

영 옥   그건 나도 마찬가지야.

(영화, 영옥을 의자에서 풀어준다.)

영 옥   (손목을 들어 본다) 개이빨같이 얽어 놨네.

영 화   너 볼래? (손목을 걷어 보인다)

영 옥   (놀란다) 너 정말 독종이다!

영 화   이거 언제 그랬는지 알아?

영 옥   듣고 싶지 않아.

영 화   들어!

영 옥   듣기 싫어!

영 화   (반대쪽 손목을 보여준다) 이쪽도 봐.

영 옥   (기가 질린다) 싫다. 정말 싫다! 싫어!

영 화   (자리에서 일어난다) 듣기 싫음 관둬.

영 옥   (슬쩍 영화를 보며) 왜… 그랬어?

영 화   사실은 그럴 맘 없었어. 그렇게 심하게 너의 엄말 팰
        생각이 아니었어. 다만, 한 마디 듣고 싶었을 뿐이
        야. 너 그런 거 이해하니? 정말로 미운 사람은 따로
        있는데 그 사람을 미워할 수 없으니까 옆 사람을 증
        오하는 거….

영 옥	몰라.
영 화	니 엄마, 유난히도 날 미워했어.
영 옥	그야, 니가 내 바로 위의 오빠랑 같은 날 태어나서 그렇지.
영 화	그 덕분에 엄마는 아버지를 포기했지. 니 엄만 아들 낳고 우리 엄만 딸 낳으니까.
영 옥	니가 나타나면 엄마는 죽은 오빠 생각나서 병이 도졌어.

(사이.)

영 화	아무튼. 그때 난 첫사랑에 실패했었어. 성이 다른 아버지에, 교회당에 목매달아 죽은 엄마를 가진 나. 누가 좋다고 며느리 삼겠니? 집안에서 반대하니까 그 사람도 휩쓸려가지 않겠니?
영 옥	웬만한 집안 남자들은 그래. 줏대가 없다니까.
영 화	우리가 매일 밤 만나던 다리 위에서 죽으려고 했어. 그런데 죽은 내 모습이 생각나는 거야. 벌거벗겨진 몸이 퉁퉁 불어 있고, 고기들이 눈알이며 내 골통을 파먹는 걸 상상하니까 도저히 내가 불쌍해서 못 죽겠는 거야.

영 옥　그깟 일로 죽긴 왜 죽어!

영 화　어느날 그 사람 어머니가 황소 한 마리 값이라며 돈을
　　　내미는 거야. 그 돈으로 아이를 지우라는 거지.

영 옥　임신했어?

영 화　아니.

영 옥　그래, 돈은 받았어?

영 화　안 받았어.

영 옥　으! 아까워! 그 돈을 왜 안 받아? 그때 황소 한 마리면
　　　얼만데. 차라리 받아서 날 주지.

영 화　야. 이제 보니 너랑 나랑 닮은 게 하나 있다.

영 옥　그게 뭐야?

영 화　뻔뻔한 거.

영 옥　빨리 손에 훈장 단 얘기나 해.

영 화　그 사람 약혼한다는 소리 듣고, 나도 나 좋다고 따라
　　　다니던 옆집에 사는 용이랑 홧김에 약혼해버렸어. 그
　　　런데 도저히 그애랑 못 살겠어. 더구나 강원도 산골엔
　　　처박혀 살기도 싫고. 무조건 야밤도주 해버렸어.

영 옥　그때 온 거구나.

영 화　응. 그런데… 내가 도망간 줄 알고… 용이가 자살했
　　　어.

영 옥　니가 황진이냐? 그래, 속치마 벗어줬냐?

영　화　아니. (한숨을 푹 쉰다)

영　옥　그래서 잘랐냐?

영　화　아니.

영　옥　언제 잘랐나?

영　화　(한숨을 쉰다) 귀신한테 홀린 거마냥 서울서 한밤에 기
차타고 강원도 영월까지 가서 그 한밤에 용이 산소까
지 갔어. 한 번도 가본 적 없는 산손데, 나중에 보니까
그게 용이 산소야. 새벽이 되니까 논물 대러 온 어떤
아저씨가 날 보고 기겁을 하며 소리치는 거야. 사람이
냐 귀신이냐 하고 말야. 그래, 내가 말했지. 아저씨 이
거, 저기 웃마을 살았던 용이 총각 산소 맞아요? 그러
니까 그 아저씨 고개를 끄덕이는 거야. 나, 그 자리서
기절했다.

영　옥　정말 희한한 일이네.

영　화　서울 와서 한 달 동안 직장도 못 나가고 자취방에 누
워 울었어. 살고 싶지도 않았어. 용이가 불쌍하고 나
도 불쌍하고. 그래서 면도칼로 그어버렸어….

영　옥　그럼, 한쪽은 어찌된 거야.

영　화　주인 아주머니 때문에 첫 번째는 실패하고, 두 번째는
….

(영화, 입을 다물고 물끄러미 한쪽 팔목을 내려다 본다. 영옥은 눈치를 보다가 담배를 꺼낸다. 담배 한 개비를 영화에게 권한다.)

영 옥　아나. 받아라. 들어보니까. 별거 아니네. 정말, 시시하다.

(영화, 담배를 입에 문다. 영옥, 능숙하게 영화의 담배에 라이타로 불을 붙여주고 자기도 한 대 피워문다. 영화, 콜록거리며 기침한다.)

영 옥　화류계 생활 만만찮을 텐데 담배도 못 피나?

영 화　속이 안 좋아 술도 못 마셔.

영 옥　그래도 돈은 많잖아. 소문에 들으니 건물도 몇 채 된다며? 관광지에 호텔도 하나 있다는 소리 들었는데…. (처음으로 관심을 보인다)

영 화　(펄쩍 뛴다. 거실쪽을 의식하며) 아니야. 그거 내 명의로 된 거 하나도 없다.

영 옥　(믿기지 않는다는 표정) 그으래?

영 화　이제, 너도 날 이해하겠니?

영 옥　이해는 하지만, 널 언니로 인정하긴 싫어.

영 화 나도 그래. 너의 엄말 이해는 하지만 인정하지는 않거든.

영 옥 (발끈한다) 뭐라고?

영 화 그만하자. 피장파장 아니니? 나도 너한테 언니로 인정받고 싶지 않아. 내 동생은 영진이 하나라도 충분해.

영 옥 (문득) 이 집에서 영진이만은 다치지 않고 자랐어. (약간의 질투를 느끼며) 온전하게 버티다니 믿을 수 없어. 나쁜 길로 가지 않고 그렇게 반듯하게 자라다니 믿을 수 있어?

영 화 그앨 보면, 하얀 백지 같아. 나도 영진이처럼, 십 년만 젊었으면 좋겠어. 그러면 몇 살이야? (계산한다) 나랑 열네 살 차이니까… 스물 일곱? 어머, 폐계네.

영 옥 그래도 영진이는 사랑받으면서 자랐어.

영 화 부부가 이혼하면 아이들은 누구랑 사는 게 좋은거 같니?

영 옥 그걸 왜 나한테 물어?

영 화 친엄마 친아버지 양팔에 끼고 산 건 너뿐이야. 우리네 자매 중에서 제일 축복받은 줄이나 알아라.

영 옥 (질투심에 복받쳐서) 그래도 진인 아버지 사랑을 듬뿍 받았어. 간호전문대라면 몰라도 뭐 하러 서울까지 대학을 보내? 흥! 아버진 내가 노래자랑서 1등 하니까 일주일을 가두셨어. 그때 그 길로 나가는 건데. 아버진 싹을 아예 뭉개버렸다니까.

영 화 언니와 난 서로 한 부모를 잃고 산 외팔이야. 친엄마와 산 나는 기는 안 죽었지만, 깡패같이 되었고, 친아버지와 산 언니는 너의 엄마 밑에서 기죽어서 완전히 쇠잔한 노인보다도 생기가 없어.

영 옥 난 뭐 성한 줄 알아?

영 화 아버지 말씀대로 영진인 진흙땅에서 핀 연꽃이네.

영 옥 (억지로 정당화하며) 영진이가 자랄 때만 해도 아버지는 많이 부드러우셨어. 나 클 때 아버진 힘이 넘쳐서 얼마나 팼다고. 나 얼마나 맞고 자랐는지 알아?

영 화 그야 너가 잘못했겠지.

영 옥 그러는 니는 잘못해서 맞았나?

영 화 내가 맞은 건 첫 남편 뿐이야. 그 후론 때리고 살지 맞고 살진 않아. 매맞지 않고도 충분히 내 뜻대로 내가 원하는 것을 얻어낼 수 있는데 뭐 하러 순진하게 매를 버니.

영 옥 어구구. 도통하셨네. 그러니까 니 재산 니가 번 거보다 남편들이 갖다 바친 거니?

(영화, 갑자기 영옥의 따귀를 때린다. 영옥, 너무나 갑자기 맞아

황당한 표정을 짓는다. 영화, 부엌문으로 나가버린다. 영옥, 담배를 피우며 천천히 뺨을 만진다.

현관에서 왕진 가방을 들고 들어오는 한의사 권선생이 등장한다. 그는 냉소적인 미소를 내내 잃지 않는다. 그의 미소는 열등감에서 우러나오는 것 같기도 한 미소다. 그는 시골에 사는 것에 만족하지만, 나름대로 도시에 대한 동경을 가지고 있고, 그렇기 때문에 불만을 억누르고 사는 사람이다. 나이는 영옥과 동갑이지만, 삼십대 후반같이 젊다.)

권선생 계십니까?

김기풍 (화들짝 놀라 깨어난다) 권선생이야. 밀어라 밀어.

(영순이 휠체어를 밀어 거실로 간다.)

권선생 안녕하십니까. 어르신.

김기풍 어서 오게. 안 그래도 기다렸네. 나 침 놓고, 아냐 아니야. 우리 막내딸 진맥부터 먼저 봐 주게. (영순을 가리키며) 아, 우리 큰애일세.

권선생 안녕하세요. (영순, 목례만 한다)

김기풍 넌 어서 차 좀 내 오너라.

영 순 예.

(영진, 방에서 나온다.)

김기풍　영진아. 인사해라.

영　진　안녕하세요.

권선생　(영진을 빤히 쳐다본다) 처음 뵙겠습니다.

김기풍　(둘을 번갈아 힐끗 보고는) 말 놓게. 아직 어린애한테 무
슨 존대인가. 아니야. 존대를 받을 나이긴 하지. 그러
나 무엇보다 이 애는 작가니까. 작가들은 대접받아야
하제.

권선생　(인상이 밝아진다) 아, 그러세요? 무얼 쓰십니까?

영　진　(상황을 벗어나려 한다) 미스테리 영화 대본 썼어요. 아
주 잠깐….

권선생　아, 예.

김기풍　그앤, 방송작가일세. 지금, 방송국에 전속 작가로 있
다네. 졸업하고 무슨 식품회사 사보 만들다가 지금은
방송작가가 됐제. 원래 어릴 때부터 소질이 있었제.
(소파를 가리키며) 앉게나.

권선생　(흥미를 가진다) 예.

영　진　(거북하다) 아버지. 저 들어갈게요.

김기풍　안돼. 너, 진맥 좀 받아 봐라.

권선생　(소파를 가리키며) 여기 앉으세요.

영 진 아니 됐어요.

김기풍 앉아라. 니들은 어째, 아비 말을 지나가는 똥개만도 못하게 여기냐.

권선생 그래요, 앉으세요.

(영진, 마지못해 앉는다. 권선생은 영진의 맥을 짚고, 눈동자도 뒤집어 본다.)

김기풍 좀 전에 기절했다네.

권선생 저도 한때는 시를 썼습니다. 카프카의 '변신'을 읽고 소설을 쓰기도 했고요. 입을 벌려 보세요. 아….

영 진 (입을 벌린다) 아….

김기풍 원래, 이애는 시를 썼다네. 언젠가 들판에서 돌아오는 데 해가 지고 있었다네. 갑자기 이애가 뭐라 그랬는 줄 아는가? 아버지, 저기 하루 종일 세상을 비추다가 떨어지는 해를 보니 생각나는 게 없으세요? 시 한 수가 절로 나올 것 같지 않아요? 뭐 이러는 거야. 겨우 열한 살인 여식아가 말일세. (자기 무릎을 손으로 탁 친다) 아차! 이애는 뭐가 되도 된다. 순간 난 깨달았지 뭔가.

권선생 대단한데요. (고개를 갸웃거리며 청진기를 꺼낸다. 머뭇거리며 영진에게) 저… 윗옷을 걷어 주시겠어요?

김기풍 (힐끗 본다) 에헴! 난 말일세. 승산 없는 곳엔 투자를 하지 않네. 자식이라도 예외는 아니야. 이앨 지방대학이 아니라 그래도 서울 보낸 건 뭔가 될 성싶은 떡잎이 보여서 그랬다 이 말이제. 암!

권선생 기침은 안 합니까?

김기풍 저애가 천식이 좀 있어. 몸이 약하면 재발하니, 별 수 있나? 보약이나 한 첩 지어주게나.

권선생 (고개를 갸웃거리며) 보약보다, 엑스레이를 한 번 찍어봐야겠는데요. 내일 보건소에 가서 엑스레이 한 번 찍어보세요. 전에, 폐가 나쁘진 않으셨어요?

(영진은 아무 말도 안 한다. 김기풍은 권선생이 사형선고라도 내린 것처럼 당황하며 말을 가로챈다.)

김기풍 폐는 무슨! 저앤 보기에 비실비실해도 강골이라네. 날 닮아 좀체 지치지도 않제. 저 팔뚝을 보게나. 얼마나 굵은가.

영 순 (차가 담긴 쟁반을 들고 나온다) 아버지. 억지 부리지 마세요. 누가 봐도 영진인 병색이 완연해요.

김기풍 에헴! (멋적은 표정이다)

영 진	다 끝났죠?
권선생	예. 제 말 듣고 꼭 엑스레이 찍어보세요.
영 진	난 괜찮아요. 올라가 보겠어요. (이층으로 간다)
권선생	(침가방을 연다) 이제 걸으실 만도 하실 텐데… 어떠세요? 걸어 보셨어요?
김기풍	(갑자기 엄살을 부리며) 안 돼. 기력이 부쳐서 한 발짝도 못 떼겠어.
권선생	억지로 걸어 보셔야 하는데….
김기풍	(영순의 눈치를 보며) 누가 옆에서 건사해 주는 이가 있어야제. 아무래도 안되겠어. 자네, 괜찮은 아줌마 좀 구해주게. 나이는 한 육십정도면 괜찮고, 딸린 식구는 없으면 좋겠네.
영 순	아버지. 남부끄러운 줄 아세요. (벌떡 일어나 이층으로 간다)
김기풍	보게나. 자식이 저 모양이네. 지가 못 모시면 어데 좋은 할망구라도 붙여줘야제. 영옥이 말이세. 자네도 알제? 자네랑 고등학교 동창이제. 가가 말일세. 좋은 할마씨를 쫓아냈지 뭔가?

(권선생은 웃으며 침을 놓는다. 영옥이 비틀거리며 나온다.)

권선생　영옥인 그러고도 남을 겁니다.

영 옥　오랜만이야.

김기풍　에헤! 또 술타령이구나. 에미가 술독에 빠져 사니까 그 속구배기도 저 모양이야. 그러니까 자네는 장모될 여자보고 장가 가게.

권선생　저, 벌써 갔습니다.

영 옥　오죽 못나서 여편네가 도망가도록 내비두냐

권선생　하하

김기풍　얼씨구. 좋아. 웃어. 자네 부친 닮아 낙천적일세. 그래야해. 사내 자식이 여편네 밖으로 내돌릴 땐 언놈이 채가도 아무 소리 안 할 배짱도 있어야제. (침 맞는 곳이 아파 인상쓴다) 아야야. 오늘은 찌리하니 아프네.

권선생　그 자리만 뺄까요?

김기풍　괜찮네. 여편네가 도망 가면 어쩔 수 없네. 가면 가는 기고, 또 새 인연이 오면 오는기고. 이래 생각해야제. 신경 쓰면 나만 손해야. 나도 말일세. 내 나이 열아홉에 억지장가를 갔지 뭔가. 결혼한 지 삼일 만에 난 말일세. 대동아 전쟁에 나갔다네. 그 사이에, 우리 어머니 구박에 열여섯 살 먹은 색시가 친정으로 달아나더니 영원히 돌아오지 않았다네. 방황도 많이 했제. 그러니 말인데, 이미 깨진 쪽박이라고 아무데나 가지 말

게. 괜찮은 여자 찾아 재혼해야지 (누가 들을세라 조용하게) 내가 흠 있다고 같이 흠 있는 여자보다 처녀장가가 낫다네. (비웃는 영옥을 보고) 에헴! (영옥을 가리키며) 운명의 장난인가. 저애 엄마랑 결혼한 지 삼일 만에 6 · 25 전쟁이 났지 뭔가. 그래, 맘 딱 끊고 전쟁터로 나갔다네. (또다시 은밀하게 권선생의 귀에 대고) 잘 들어두게. 까딱 잘못했다가는 첫 단추 잘못 끼운 거 마냥 말짱 도루묵이야.

권선생 (너털웃음을 웃으며) 하하. 예, 잘 알겠습니다.

영 옥 잘 들어 둬. 우리 아버님이야말로 경험이 풍부하시니까. 호호.

김기풍 손이 왜 그 모양이냐?

영 옥 호호. 훈장이에요. 훈장.

김기풍 무슨 개뼈다귀같은 소리냐!

(김기풍은 온몸에 침을 꽂은 상태라 꼼짝 할 수 없다.)

영 옥 (권선생의 팔을 붙잡고) 나 화병 났나봐. 좀 봐 줘.

권유신 화날 일이 어디 있어?

영 옥 몰라. 속이 답답해 미치겠어. 누가 그러는데 이혼 후유증이래.

김기풍   흥! 호랑말코같은 소리 집어쳐라! 아야야야!

권선생   움직이지 마십시요.

김기풍   (입을 꾹 다물고 신음한다) 으음….

(영옥은 권선생에게 착 달라 붙어 있다. 권선생은 일어나 차 를 마시는 척 하면서 영옥에게서 떨어진다. 김기풍은 심술 난 악 동같이 입을 꾹 다물고 눈동자를 좌우로 재빠르게 움직이며 영 옥과 권선생의 행동 속에 숨은 흉염들을 훔쳐본다.)

영 옥   아이, 좀 봐 달라니까. (팔을 내민다)

권선생   (컵을 내려 놓고 영옥에게 다가가 진맥하며) 가슴이 언제 두 근거려?

영 옥   시도 때도 없어.

권선생   숨도 가빠?

영 옥   (코맹맹이 소리) 응.

권선생   여기 명치쪽이 답답해? 아니면 (영옥의 목 뒤를 만진다) 여기가 답답해.

영 옥   아, 시원해. 좀 주물러 줘.

권선생   (침을 꺼낸다) 우울증인데.

영 옥   우울증인데 왜 몸이 아파?

권선생   마음따라 병도 생기는 거야. 자, 돌아 봐. (침을 꺼낸다)

잠은 잘 와?

영　옥　아니.

김기풍　내 돈 떼먹고 자면 이년아. 넌 사람도 아니다.

영　옥　아유! 갚아요 갚아. 이자까지 다 갚아요.

김기풍　(음흉하게 웃으며) 오부 이자다. 요년!

영　옥　일수보다 더 비싸.

김기풍　요년! 이번에도 나 물먹이면 너 국물도 없어!

영　옥　아유 내가 못 살아! (권선생은 영옥의 귀 뒤에 침을 꽂는다)
　　　　아얏!

김기풍　옹골지다. 요년! 여보게 저년 대침 좀 놓게.

영　옥　갑자기 놓음 어떡해.

권선생　(태연하게) 입맛은 어때?

영　옥　도무지 못 먹겠어.

권선생　속은 미식거리지 않아?

영　옥　호호. 맨날 벌렁벌렁하지.

권선생　저, 말야…. 신경안정제 혹시 안 먹냐?

김기풍　(놀란다) 아니, 너….

영　옥　(실실 웃으며) 요즘은 안 먹어… 내가 그렇게 호락호락
　　　　하게 보이니? 나, 김영옥. 나 하나 책임 못 질 인간 아
　　　　니야. (속이 답답하다) 이 집구석만 오면 이래. 숨이 막
　　　　혀! 아이, 답답해. 너, 차 가져왔니?

권선생 응.

김기풍 안 된다. 오늘 가족회의를 할 테니까.

영 옥 이게 뭔 소리야? 살다살다 별일이시네.

김기풍 늙은 애비가 걱정도 안 되냐? 내가 오늘 중대 발표를
하겠다.

영 옥 (중얼거린다) 하시든지 말든지.

김기풍 이제 이거 빼주면 안 되는가?

권선생 (시계를 보고) 아직 1분 남았습니다.

영 옥 나 태우고 요 앞 저수지라도 돌자. 강물이라도 보면
좀 나을 거 같아. 발이 아파서 오래 걷지도 못하니, 맘
만 한창이야. 바쁘면 관두고.

권선생 (자조적으로) 난 늘 한가하지. 여기 오기 전에는 한가한
생활을 꿈꾸었지. 너도 알다시피, 고향은 더이상 예전
그대로가 아니잖아.

영 옥 옛날 거리는 다 물속에 잠겼어. 극장, 우체국, 버스정
류장, 비 오면 빨간 진흙탕이 되는 장터… 그리고 우
리 엄마 비단가게도 다 삼켰어. 대신 엄청난 안개만
쏟아내지. 더럽도록 우울하게 만드는 안개말야. 무슨
늪 같다니까. (머리에 꽂힌 침을 빼서 침통에 던진다) 아,
답답해. 나가서 너구리나 잡아야겠어.

(권선생, 김기풍에게서 침을 뺀다.)

김기풍 네 딸 중에 (영옥이 나간 곳을 가리키면서) 자가 제일로
머리가 좋아. 중학교 3학년때까지만 해도 반에서 줄
곧 일등이었제. 그런데 사고 난 뒤로 저래 됐어. 아냐,
사고 나기 전부터지. 고등학교 들어간 뒤부터야. 영순
이하고 자취한 뒤 배랬어. 완전 삐 돌아가버리데. 못
난 송아지 엉덩이에 뿔난 거마냥 막 가는 거야. 그때
부터 저앤 내리막이야.

(권선생, 침가방을 챙긴 뒤 김기풍에게 손을 내민다.)

권선생 한번 걸어 보십시요.

김기풍 (아예 걸으려 하지도 않는다) 안 된다네. 안 돼.

권선생 걷기만 하시면 아주 건강하신 편입니다. 맥박도 정상
이시고, 간도 젊은 사람보다 건강하신 편입니다.

김기풍 나같은 사람이야 몸이 재산이제. 대동아전쟁에다 6·
25까지 두 번의 전쟁을 거쳤어도 끄덕없다네.

권선생 이만, 가 보겠습니다.

김기풍 번번이 들러 줘서 고맙네.

권선생 아, 참. 막내 따님은 보건소에 꼭 가보셔야 합니다.

김기풍　알았네. 요즘 감기는 워낙 오래가지 원.

권선생　안녕히 계십시요.

김기풍　잘 가게.

(김기풍은 기억을 더듬다가 갑자기 얼어붙는다. 이제까지 내내 익살스런 표정이었던 그는 이 장면에서 아주 심각하고 진지한 표정을 지어야 한다. 마치 삐에로의 가면을 벗어던진 배우가 늙고 쇠잔한 노인의 실체를 드러낼 때와 같은 슬픔이 녹아 있어야 한다. 그는 어떤 불길함이 닥쳐오는 것을 본능적으로 느낀다. 그는 두 눈을 부릅뜬 채 피하지 않고 정면을 노려본다. 우물쪽에서 영화가 등장한다. 무표정하게 우물 뚜껑 위에 앉아 하늘을 본다.)

김기풍　어매 말대로 나, 나처럼 속 썩이는 아들 하나 없소. 지금도 귀에 쟁쟁합니다. 나는 너같이 속 썩이는 아들이라도 있지만 너는 너같은 아들도 없을 줄 알아라! … 참말 저주가 있단 말인가? 사람의 말이 얼마나 무서운지 이제 알겠어. 살면서 나는 얼마나 많은 악담을 했는가. 입이 있는 이상 하고 싶은 말은 하고 살아야 직성이 풀리제. 도 닦은 노승도 아니니 헛말만 쏟다가 볼장 다 봤어. 어머니 말씀 그른 거 하나도 없네 없어.

그라니 슬퍼지는 걸. 내 딸들! 어느 딸년도 희망이 없어. (이때, 요란한 자명종소리가 울린다) 아고! 깜짝이야.

(김기풍은 주머니에서 자명종을 꺼내 알람을 끈다. 이층에서 영진과 영순이 다정하게 내려온다.)

김기풍 (다시 주머니에 넣는다) 7시 5분 전이다. 나는 약 먹어야 된다. 영순아. 니, 약 좀 갖고 오너라. 어째 오늘은 니들이 하도 분탕을 지어서 대변이 쑥 들어갔는지 나올 생각을 안 한다. (부엌으로 가는 영순의 등에 대고) 냉동실 제일 윗칸에 있다.

영 진 좀 전에 왜 거짓말을 하세요? 이름도 없는 시나리오 작가지. 내가 어디 방송국의 전속 작가예요.

김기풍 알게 뭐냐! 지놈이 어디 찾아가서 확인한다냐?

영 진 왜 거짓말을 하세요. 그러니까 제가 고향에 못 오잖아요.

김기풍 성공! 성공! 성공하면 되잖아.

영 진 성공 안 해도 좋으니 그냥 아무것도 안 하고 편하게 살고 싶어요.

김기풍 지금은 불편하냐? 옛날 같으면 애를 나도 열은 났다.

영 순 (약을 준다) 아버지, 고만 하세요. 객지에서 고생해서 얼굴이 말랐네.

김기풍 왜 말랐냐? 멀쩡한 직장 관두고 지가 무슨 걸작을 쓰겠다고 그만둬! 내가 너처럼 썼으면, 벌써 대한민국이 떠들썩 했겠다.

영 진 서울서 방값 벌기도 바빠요.

김기풍 얼씨구. 관둬라. 관두고 시집이나 가라. (단숨에 약을 마신다)

영 순 영진아. 너가 이해해. 아버지께서 얼마나 자랑할 게 없으면 그러시겠니.

김기풍 알긴 아누만.

영 순 (명랑하게) 영진아. 어릴 때 너 울음끝이 얼마나 짧았는 줄 아니? 엄마한테 야단맞아도 금방 그쳤어. 눈물이 마르기도 전에 라라라 노래한다니까.

영 진 (의기소침하게) 내가?

영 순 어렸을때 넌 참 착했어.

영 진 나도 언니가 참 좋았어.

(영화가 부엌문으로 들어온다. 김기풍은 과장해서 애정을 표현한다.)

김기풍 우리 둘째 따님이 오시는구나. 딸 중에 제일 미인이제. 니가 들어오니까 여기가 훤하다.

영 화 (싫지 않다) 아버지도 멋있어요.

김기풍 그래? 나도 나가면 괜찮다는 소리 듣는다.

영 화 영옥이는 어디 갔어요?

(현관에서 영옥이 들어온다. 약간 비틀거리지만 히죽히죽 웃는
다. 부엌에 불빛이 환한 걸 보고 그쪽으로 가면서 윗도리를 벗
어던진다.)

영 옥 (술이 덜 깼다) 헬로우!

김기풍 이제 정말로 다 모였구나.

영 옥 동창들 만나러 가자는 걸 내가 뿌리치고 왔어.

김기풍 잘 했다. 자 다들 앉아라.

영 진 (초를 꽂으며) 케이크 초를 몇 개 꽂아야 해?

영 화 마흔한 개. (모두 영화를 본다) 오늘이 내 생일이야.

(영진이만 빼고 모두 얼굴이 굳어진다.)

영 진 축하해. 선물을 준비 못해서 어쩌지?

영 화 (가족들의 눈치를 보며) 괜찮아.

김기풍 하필 오늘이냐.

영 진 그동안 언니 생일을 몰랐어. 언니 뿐만 아니라 큰언니 하고 영옥이 언니 생일도 몰라. (초를 꽂는다) 마흔 한 살이 되도록 언니의 생일을 축하해 주는 가족들이 없었을 거야. (불을 붙인다) 아버지 생신 외엔 아무도 생일같은 거 챙기지 않았으니까. 서로 생일같은 걸 축하해 주지 않는 게 당연했어. 자, 불어 언니.

영 화 (가족들의 눈치를 본다) 영진아. 니가 끌래?

영 진 아니야. 오늘은 언니가 주인공이야. 자, 우리 노래 불러 줘요. 생일 축하 합니다. 생일 축하… 합니다….

(김기풍은 침울하게 앞만 보고, 영순과 영옥은 그런 아버지의 눈치를 보면서 서로 침묵을 지킨다.)

영 진 (어색하게 계속 노래한다) 사랑하는 영화 언니 생일….

영 화 그만해! 그만!

영 진 (마지막 구절을 중얼거린다) 축하합니다.

영 화 됐어. 미안하다 영진아. 너한테 소리친 거 아니야.

김기풍 어서 촛불이나 꺼라!

영 화 한 번이라도 축하해 주실 수 없으세요? 이 세상에 태어난게 내 잘못은 아니잖아요.

김기풍 누가 뭐라던? 어서 촛불이나 꺼라.

영　화　이것들이 다 뭐야. (케이크 꽃힌 초를 꺼내 싱크대에 버린
다) 내 잘못은 없어요. 왜? 내가 희생양이 되어야 하
죠? 왜? 내가 여자라서 그래요? 나하고 같은 날 태어
난 아들이 어떻게 나 때문에 죽었다고 생각해! 난 강
원도 산골짜기에서 태어났고, 그앤 이 집서 태어났잖
아. 말도 안 돼. 한 집안에 같은 날 두 아이가 태어나
면 한 아이의 기운이 다른 아이를 해친다고? 웃기네
정말. 내가 모를 줄 알아? 그앤 굶어죽었어. 내탓이
아니야. 아니란 말야.

영　순　너가 이해해.

김기풍　이해고 자시고 할 것도 없다. 저앤 일부러 날 괴롭히
려고 그런 거야.

영　화　난, 영화예요. 김영화. 한 사람이지. 두 사람이 아니에
요. 태어나 한 달도 안 돼 죽은 애를 왜 평생 나랑 연
결시키냐구요.

영　옥　이제 알겠어? 우린 다 사이코야. 주범은 저기 잘나신
아버지. 평생 엄마를 들볶았지. 그애가 안 죽었으면
영화랑 동갑이야. 그애가 안 죽었으면 영화랑 동갑이
야. 영화가 시집가면, 그애가 안 죽었으면 장가갔을
거야. 영화가 큰애 났을때, 그애가 안 죽었으면 영화
같이 아들을 나았을 거야. 그애가 안 죽었으면, 그애

가 안 죽었으면, 그애가 안 죽었으면….

김기풍 그애가 안 죽었으면, 여자들을 얻지도 않았어. 난 여자라면 신물난다.

영 옥 하하하. 보라구. 완전 중독이야. 아들 중독!

김기풍 웃지마. 너 애 뱄을때 아들 낳는 한약이라고 지어주니까 걸신들린 것처럼 먹더라. 그래, 아들 키워 보니 어떠냐? 요년!

영 옥 (기가 죽으며) 나도 엄마처럼 아들 못 놓으면 어쩌나 겁나서 그랬다구요. 아버지 때문에 중독됐으니까.

김기풍 잘난 척 떠들어도 어쩔 수 없이 나약한 인간들이야. 봐라. (영옥을 가리키며) 저애가 아들이라면, 친손자가 벌써 둘이다. 허나 그애들이 박 씨니 무슨 소용있냐? 내 뒤는 휑하다. 뻥 뚫렸어. (안타깝게) 대가 끊겼다 말이다.

영 순 그럼, 양자라도 두지 그러세요.

김기풍 그래서 니들을 부른 거다.

영 옥 돈이 아까워 못 두시지. 아니, 뭐라구요?

영 화 양자를 들인다고요?

영 옥 양자가 무슨 소용있어요. 안 돼요. 안 돼!

영 화 아버지 노후까지 책임져야 양자지.

영 순 돈 있어야 양자도 오는 거야.

영 옥 누구예요? 도대체 누굴 들일 생각이세요.

김기풍 내가 잘못 생각했제. 니들한테 뭘 기대하냐. 그래도 딸년들이 머리가 굵어 도움이라도 될까 불렀더니. 필요없다. 필요없어. 다들 돌아가!

영 순 이러실 줄 알았어.

김기풍 뭘 알았단 말이냐! 너 때문에 내가 얼굴도 못 들고 다녀! 알긴 아냐!

영 진 언니한테 그러지 말아요!

김기풍 닥쳐! (영진이에게) 내가 너한테 혹독하게 군 것도 다 니 언니 탓이야. 애지중지 키워봤자 애비 얼굴에 똥이나 칠하지. 그 좋은 약혼자, 안동땅에서 알아주는 양반댁 아들인데, 그걸 마다하고, 월남서 사람 죽이다 돌아온 그 머슴놈하고 야밤도주를 해? 하긴! 머슴놈하고 눈 맞은건 지 어미가 닦아 논 길이제. 흥!

영 화 (조용하지만 잔인한 말투로) 욕하지 마세요. 누구든 우리 엄말 욕하면 관두지 않겠어요!

김기풍 (기가 차서 영화를 바라본다) 얼씨구. 내가 깜박했구나. (영순과 영화를 가리키며) 니들 둘이 한 뱃속에서 난 걸 깜박 했어. (영화에게 소근거린다) 니가 날 그렇게 쏙 빼 닮지 않았다면, 아직도 니가 내 딸이라는걸 안 믿었을 거다.

영 화	걱정마세요. 난 아버지 딸이 아니니까.
김기풍	(갑자기 장난스럽게 웃으며) 하하. 봐라! 화내는 것도 꼭 날 닮았제. 하하. 그래도 애비 그늘이 수양산 그늘인 줄 알아라! 요년들! 나 죽으면 니년들은 끈 떨어진 뒤웅박 신세다! 하하!
영 옥	아, 참! 속 답답해 죽겠네. 어서 차근차근 얘기 해 봐요.
김기풍	니들이 차분하게 안 듣는데 어떻게 차분히 나오나.
영 화	알았어요. 이제부터 조용할게요.
영 옥	상필이 아들이에요?
영 진	그앤, 아직 국민학교 6학년인데.
영 화	조용해. 아버지 말씀 좀 들어보자.
김기풍	맞다. 상필이 아들 수용이다. 상필이에겐 아직 말 안 했다. 언젠가 상필이가 수용이를 내 밑에 넣겠다고 한 적이 있다만, 모르지. 그래서 말인데, 내가 언제 죽을지 모르니까 니들이 그리 알고 상필이를 도와달라는 말이다.
영 옥	뭘 도와주란 말예요.
김기풍	내가 말이다…. 저, 이 집하고 재산을 …. 상필이 앞으로 했다.
영 옥	(자리에서 벌떡 일어난다) 뭐라고요? 세상에! 돼지한테

진주를 주지 그래요!

영 화　그럼 우린 국물도 없어요?

영 순　(한숨을 쉬며) 아버지다운 발상이시네요.

(영옥은 일어나 왔다 갔다 한다. 영화는 웃고, 영순은 한숨을 쉰다. 영진이만 아무 말도 안 하고 일어나 나간다.)

김기풍　영진아. 넌 할말 없냐?

영 진　없어요.

영 옥　(거의 발악하다시피 한다) 그래, 넌 본전 다 뽑았지. 대학까지 나왔는데 뭘 더 바래! 입이 열 개라도 할 말 없어!

영 순　닥치지 못해!

김기풍　오냐, 잘 한다!

영 옥　오호! 언니가 한 말씀 하시겠다? 입 닥치고 있을 테니 어디 한 번 말해보시지.

영 순　너야말로 입이 열 개라도 말 못 해.

김기풍　옳커니!

영 순　영진이 호강하면서 대학다닌 거 아니야. 눈 있으면 어디 봐. (영진이를 가리킨다) 저애가 어디 정상이니?

영 옥　그럼, 난 정상이야?

(가족들 모두 침묵한다. 영옥은 이를 간다. 영진은 벽에 기대어 선 채 가족들을 무표정하게 바라본다. 벽장, 싱크대의 문이 열리면 그 안에 유령 숙과 금순이 쪼그리고 앉아 있는 것이 보인다. 금순은 쉴 새 없이 뜨개질을 하고, 숙은 아기를 품에 안은 채 쉴 새 없이 담배를 핀다.)

영 순　(기가 죽는다) 관두자. 관둬.

영 옥　어차피 이 집 재산은 내 꺼야. 우리 엄마, 머리가 터지도록 번 거야. 내가 다 써야 될 판이야. 흐흥! 웃겨. 양자? 젠장! 그 술주정뱅이놈한테 다 넘긴다고? 후후. 아바님, 머리가 어떻게 되신 거 아녜요?

김기풍　에헤!

영 화　차라리, 언니 줘요. 아버지 손녀딸 상이, 언제 죽을지 모르는 심장병이에요. 언니 돈 벌면 다 글로 들어가고 빈털털이에요. 언니가 불쌍하지도 않아요? 아버지.

김기풍　말을 들으려면 끝까지 다 들어. 니들이 북치고 다 하냐?

영 화　(일부러 투박하게 말한다) 뭔 말씀이 또 남았어유?

김기풍　명의는 상필이 명의지만서도 도지세는 니들 네 자매가 받는 것으로 할란다.

영 옥　제기랄! 엿같이 만드네.

김기풍 (영옥에게) 예 이년! 니년은 빠져! 들자들자 하니 니는 일부러 대학 안 보내준 것처럼 말하는데, 그래, 따져 보자. 니가 공부를 못해서 대학을 못 갔나, 공부는 잘 하는데 내가 돈을 안 줘 못갔나. 어데 입이 있으면 말 해 봐!

영 옥 (악을 쓴다) 집구석이 공부할 분위기였어야 말이지!

김기풍 옳커니! 너 말 한 번 잘 했다. 니 고등학교 중퇴지?

영 옥 발이 잘렸는데 무슨 공부예요!

김기풍 니가 바람나서 자전거타고 나다니다 사고났제. 내가 떠밀어서 사고났나?

영 진 (괴로워하며) 제발, 그만해요.

영 옥 (발작한다. 자기 머리를 마구 쥐어뜯다가 바닥에 발을 동동 구르며 소리지른다) 악! 악!….

영 화 아이, 시끄러워.

김기풍 발이 잘려도 학교는 다녀야제. 니가 그만 뒀잖나. 그런데 무슨 대학이야. 어림 반푼어치도 없는 소리하고 있어. 영진이는 어디 공부할 분위기였냐? 니 어미 미쳐서 영진이 집에도 못 들어오게 하고, 나한테 말도 않고 한 달을 남의 집 헛간서 잔 애다. 그때 폐병 얻어 일 년 고생한 거 니 모르나? 그래도 영진이 대학 갔어. 그것도 장학생으로!

(영옥은 몸부림치며 운다. 영진은 발작적으로 기침을 한다. 가족들은 모두 영진을 본다. 갑자기 영진이 울컥 하며 붉은 꽃잎들을 토해낸다. 영진이 손으로 입을 닦는다. 앞가슴과 손에 붉은 꽃잎이 묻었다.)

영 화   어머! 피! 피 좀 봐!

(자신의 피를 본 영진은 이층으로 뛰어 올라가고, 김기풍은 놀라 휠체어에서 벌떡 일어선다. 딸들은 이번에 일어선 김기풍을 보고 놀란다.)

영화, 영순   아버지….

(김기풍은 그제야 털썩 주저 앉는다. 울음을 그친 영옥은 흥분이 그치지 않아 숨을 헐떡인다. 슬픈 음악이 흐르면서 우물 안에 있던 유령 금순이 나오면서 암전된다.)

제 3 막

어두운 무대에서 물방울 떨어지는 소리가 들린다. 소리가 커지면 커질수록 푸른 물무늬 조명이 밝아진다. 조명은 방에 누워 자는 김기풍에게 스포트라이트 된다.

물고기 풍경이 김기풍의 머리 위에서 자유롭게 헤엄친다.

유령 숙은 벽장 안에서 파이프를 물고 빈 담배갑을 뒤진다. 베란다에 서 있던 이화는 김기풍에게 다가가고, 우물 위에 앉아 뜨개질을 하던 금순도 김기풍에게 간다.

물고기 풍경은 서서히 멈춰지고, 유령들은 김기풍의 머리맡에 빙 둘러 앉는다.

이 화 잔다.

금 순 쉿! 조용해.

숙 산 자들의 꿈이 부러워.

이 화	부러워할 필요 없어.
금 순	쉿!
숙	이 자는 내일 하늘이 무너진다 해도 푹 처 잘 위인이야.
금 순	자는 동안이라도 근심걱정 없어야지.
이 화	쉿! 조용해.
금 순	쉿!
숙	담배 없어?
금순, 이화	쉿! 쉿! 쉿!
숙	젠장! 빌어먹을!
금 순	자네 딸도 욕 잘하대.
숙	니 딸은 어떻고.
금 순	영화는 고생해서 그렇다.
숙	내 딸 영옥이도 고생 많았다.
금 순	그래도 가가 호강 많이 했제.
숙	담배가 떨어졌어. 젠장. 담배 피우고 싶어 죽겠네.
금 순	영옥이는 니 제사도 안 챙기나.
숙	가시나가 내 죽은 날도 몰라.
금 순	잘 키웠다.
이 화	제사상에도 담배 놓나?
숙	젠장, 미치겠네.

금 순	미칠 것 뭐 있나. 저 영감 주머니 뒤져 봐라.
이 화	히히 재밌겠다. 내가 찾아줄게.

(이화, 이불 밑으로 손을 넣고 김기풍을 더듬는다.)

숙	있나?
이 화	잠깐. 뭐가 짚힌다.

(이화 눈이 동그래진다. 놀란 표정. 숙과 금순의 표정도 묘하게
일그러진다. 김기풍 끄응거리며 돌아눕는다. 이화는 펄쩍 뛰어
물러선다. 자기 손을 탈탈 턴다.)

숙	왜 그러노?
이 화	(울상이다) 몰라. 묻지 마라. 저 영감 아직도 팔팔하네.
금 순	호호호. 팔팔하면 무슨 소용있노. 아들 씨도 없는데
숙	젠장! 담배 찾으라 했제. 남의 영감 물건 잡으랬나? 미친년!
이 화	한때는 내 영감이었다.
금 순	내가 제 1번이다.
숙	내가 조강지처다.
금 순	내다.

숙	내다.
이 화	웃기는 귀신들이네.
금 순	어째 니노? 영순, 영화가 내 딸인데. 니는 두 번째다.
숙	호적엔 엄연히 내가 본부인이다. 니 두 딸 저기 막내 영진이까지 내 딸이다.
이 화	첫째 둘째 따지지 말고 사이좋게 지내자. 니들 다 첫째 아니다.
숙	까불지마!
이 화	이 영감이 세상에 태어나 처음 꼬꼬재비한 여자는 열여섯 살 먹은 어떤 처년데, 그 처녀는 내다.
숙	후! 별꼴이네. 넌 영순이 여고 동창이야. 니가 우리 영감하고 꼬꼬재비하면 (금순을 가리키며) 여기 있는 영순 어매랑 동갑이게? 말도 되지도 않는 소리 집어쳐라!
금 순	하하. 내 딸 뻘이네. 이제부터 엄마라 불러라.
이 화	웃기지 마. 나 환생했다.
금 순	뭐 환상? 환상이 뭐로?
이 화	환생이다 환생!
숙	웃기고 자빠졌네.
이 화	애기를 하나 낳았는데, 저년이 죽였다.
숙	이 영감이 죽였어.

(사이.)

금 순   왜?

숙   딸이라 죽였다.

(사이.)

금 순   아들이면 살리고?

숙   그래.

이 화   (울음을 터트리면서 김기풍을 때린다) 내 딸 내놔라! 이 살
        인마야!

(김기풍 자리에서 벌떡 일어난다. 유령들은 꼼짝 않고 바라본
다. 김기풍은 담배를 꺼내 피운다. 숙은 담배 한 개비를 꺼내
피운다. 김기풍은 자연스럽게 유령들을 쳐다본다. 무대 뒤에서
정선아리랑 가락의 피리소리 들린다. 자리에서 일어나 앉는 영
순은 생각에 잠긴다.)

김기풍   내 나이 열아홉에 아버님께서 이렇게 말씀하셨지.
        '니는 장손이니 아들을 낳아 대를 이어라.' 부모 영을
        거역할 수 있나. 어쩔 수 없이 장가를 가니, 첩첩 산중

에 열여섯 먹은 홍 씨 처녀라. 배웠으면 얼마나 배웠을꼬. 정신대 처녀공출 안 갈라고 억지 시집 온 처녀랑 뜻도 없는 초야를 치루고, 관동군에 끌려갔지. 천운인지 해방되어 돌아오니 시집살이 힘든 색시는 도망가고 영영 안 오대. 그래, 용하다고 소문난 영월 사는 봉사점쟁이 만나러 구절양장 구비돌아 찾아가니, 일언지하 헤어진다, 헤어진다. 이러는 거야. 돌아오는 정선고개에서 나물캐며 부르는 처녀들 노래소릴 들었는데, 그 노래가 정선아라리야. 그 노래가 얼마나 슬프냐면 갈갈이 가슴을 찢어발기는 것 같지. 내 인생은 그때부터 어긋났어 … 첫단추 잘못 낀 뒤 어디에도 정 못들고 미친 듯이 살았는데, 무심한 하늘은 딸만 주고 아들은 다 데불고 가대.

(피리소리 점점 작아진다.)

숙　팔자에 없는 아들 얻으려고 죄만 많이 지었지.

금 순　죄야, 너도 많이 지었지. (이화를 가리키며) 성하지도 않은 저앨 쫓아서 기차에 치여 죽게 만들었잖아.

숙　내가 쫓은 게 아냐. 지 발로 걸어나갔지.

금 순　어디 그 뿐인 줄 알아? 너도 죄가 많아 구천을 떠도는 거야.

숙　　그럼, 니는?

금 순　자살했으니 이러지.

이 화　영순이가 나를 쫓았어. 멀리 가서 좋은 남자 만나 아들 딸 낳고 살라 했어. 그애가 나를 쫓았다니까. 그 애가 나를 쫓았다니까. 그애가 나를 쫓았다니까.

금 순　영순이가 필시 도우려고 그랬을 거야.

숙　　불쌍한 거 쯧쯧쯧… (벽장으로 들어가 버린다)

김기풍　이보게. 진창에 빠진 거마냥 살아갈수록 점점 힘이 드네.

금 순　(돌아서려다가) 죽음이 가까운 모양이구라.

김기풍　이대로? 안 돼. 아직 양자도 들이지 않았고….

금 순　쯧쯧쯧… 다음에는 여자로 태어나시구랴. 원없이 아들을 쑥쑥 낳아보소. 생살을 뚫고 나온 자식은 다 같다는 걸 알 거요. 아들이든 딸이든… 똑같지. 아들은 어데 금테 두르고 나온답디까! 망할 놈의 영감탱이!

(금순은 김기풍의 머리를 탁 때린다. 김기풍은 그대로 자리에 눕는다. 금순은 혀를 차며 무대 밖으로 나가고, 이화는 노래를 부르면서 나간다.)

이 화	꽃이 피고 꽃이 지고, 달이 뜨고 달이 지고, 꽃이 피고 달이 뜨고, 꽃이 지고 달이 진다.

(창문은 짙은 청보라로 변한다. 조명은 거실에 있는 소파침대 위를 비춘다. 영순은 침대에 걸터 앉아 멍하니 무대 밖을 내다보고 다시 방을 본다. 영순은 파랗게 질려 있다. 영순은 침대 밑에서 가방을 꺼낸다. 가방을 열고, 그 안에서 하얀 한복 세 개를 꺼낸다. 그리고 작은 걸 꺼내어 펼쳐본다. 여자 애기 한복이다. 모두 두 개다. 그리고 또 남자 애기 한복을 꺼내 펼쳐본다. 남자 애기 한복도 두 개다. 영진이 몸을 뒤척인다. 영순은 옷을 모두 가방에 집어넣는다.)

영 진	언니… 자?
영 순	아, 아니.
영 진	휴! 왜 이렇게 덥지?
영 순	(영진의 이마를 손으로 짚고) 아유, 땀 좀 봐. (이마를 닦아준다)
영 진	영화 언니랑 영옥이 언닌 왔어?
영 순	아니. 저수지에 빠져 죽었나 봐.
영 진	싫어. 농담이라도 그런 말은 싫어.
영 순	죽는다는 말?

영 진 응.

영 순 미안해. 그애들은 서로 으르렁거리지만 사실, 서로 관심이 많아.

영 진 닮은 거 같아. 난 언니를 닮았고.

영 순 그래. 우린 닮았어.

영 진 어릴 때 아버지는 언니를 닮았다고 얼마나 구박했는지 몰라. 목소리가 같다고 야단치고, 웃는 거도 닮았다고 야단치고… 어느 날은 내가 막 그랬지. 영순이 언니하고 나는 배다른 자맨데 그렇게 닮았다면 그건 아버지 탓이에요. 아버지가 같으니까 내 목소린 아버지 탓이라구요.

(영진은 깔깔 웃는다. 영순은 웃지 않고 불안하게 영진을 쳐다본다.)

영 순 나 때문에 너가 고생이었지?

영 진 아니야. (가방을 보고) 그건 뭐야?

영 순 으응. 옷….

영 진 (웃으며) 무슨 보물단진 줄 알았네.

영 순 이걸… 태워야 하는데, 영진아, 사실, 나, 무서워.

영 진 누구 옷인데? 왜 태워?

영 순   아니야, 아무것도…. 그냥, 옷이야.

영 진   내가 입음 안 돼?

영 순   니가 입는 게 아냐.

영 진   그럼 누가 입을 거야?

영 순   (가방을 영진에게 밀어주며) 내가 뭐에 홀렸나 봐. 나는 미신같은 거 안 믿는데… (영진이는 가방에서 옷을 차례차례 꺼내본다) 상이를 낳은 뒤부터 운명이 있다는 생각을 했어. 내가 모르는 위대하고 큰 신이 존재하는 거 같아서 점점 무서워지는 거야. 그러면서도 교회나 절엔 찾아가기 싫어. 아직은 뭘 빌고 싶지 않아. 하지만 상이가, 상이가…. 점을 봤어. 늘 똑같은 점괘. 그래, 나약한 인간이니까 나도 별 수 없었던 거야. 그렇다고 난 그걸 믿지 않았는데, 아아. 내가 왜 이러지. 너도 보이지? 저기 저 여자. 지금도 저 앞을 지나가던 여자 말야.

영 진   여자? 언니한테 무슨 일이 있어?

영 순   불행에 앞서 먼저 꿈에 보이던 이화가 구천을 떠돈다면 말야.

영 진   이화?

영 순   너무 외롭기 때문에, 나를 찾아 와서, 우리 상이가 아프고, 그래서, 그래서….

영　진　상이가 어떻게 됐어?

영　순　못 할 것도 없지 뭐. 그래, 점장이 말만 믿어서 이러는 건 아니야. 성당에서도 '조상의 악습을 물리치소서'라는 기도가 있대. 상이의 심장병은, 상이 탓만은 아니야. 조상의 악습. 이 집은 곧 무너질 거야.

영　진　(영진은 점점 영순이가 두려워진다) 언니….

영　순　막 살아선 안 돼. 이 언니는 첫사랑에 실패한 뒤부터 모든 걸 포기했어. 그러니까 맘에도 없는 남자와 도망친 거야. 니도 알지? 상이는 사랑 없이 태어난 애야. 폭력으로 맺어진 생명이지. 난 상이를 죽이려 했어. 그애 존재는 처음부터 저주를 받은 거야. 그래, 내 탓이야. 내 탓.

영　진　괜찮을 거야. 언니. 상이는 건강할 거야.

영　순　(공허하게) 너처럼 착하게 클 수 있었을까.

영　진　사실 나, 그렇게 착하지 않아. 감정이 늘 앞서고 이성은 정말 부족한 게 나야. 절제 없이 종횡무진 치닫는 열정을 나도 어쩔 수 없이 타고났거든. 더구나 아버지처럼 집요하게 물고 늘어지는 면도 있고. 늘 그랬어. 나에게 최면을 걸었어. 성공하게 하소서. 성공하게 하소서. 나도 언니들처럼 집을 떠나고 싶었어. 집은 지옥같았으니까. 봄이 오면 한 해도 거르지 않고 엄마는 벽장에 갇히거나 정신병원에 가야했지. 아버지는 그때마다 새 여자를 집에 들이지만 한 달도 못 넘기고 여자가 도망을 가는 거야. 사실 어린애들이란 놀라운 적응력을 가졌어. 내가 그랬거든. 새 여자들과 금방 친해지고 금방 잊어버리지. 엄마가 없으니까 무서운 사람도 없고, 해가 질 때까지 실컷 놀 수 있으니 자주 병원에 가길 바랬어. 얼마나 열심히 놀았는지 잠자는 게 아니라 기절하는 거 같았거든. 그래, 언니. 난 바르게 살려고 노력했어. 바르게 사는 길은 공부하는 길이고 공부하면 성공할 것이라 믿었지. 나를 구원했던 건 책이야. 집안의 모든 소란으로부터 도망할 수 있는 유일한 방법은 벽장 안에 들어 가서 책을 읽는 거였지. 바르게 살아야 하고 성공해야 해. 나는 아버지에게 인정받고 싶었어. 이를 악물고 바르게 바르게 바르게 바르게 살자 바르게 살자. 그럴려면 감정에 끌려선 안 되지. 이성을 따라야 해. 내 모든 욕구 내 모든 감정은 불행을 끌어들이리라. 나는 이렇게 믿었어. 그래서 억제하고 억제했지. 모든 감정, 모든 욕구! (깊은 숨을 쉰다) 언니도 내가 자퇴한 건 데모 때문이라고 생각하지?

영 순   으응. 아무래도 상관없어.

영 진	난 데모한 적 없어. 내가 존경하던 교수님이 쓴 글 때문에 학생들이 들고 일어났을 때도 끼지 않았어. 한 번도 밤새워 공장에서 일해 본 적 없는 애들…. 한 번도 흙에 손을 묻혀 본 적 없는 애들… 대부분이 그랬어. 난 비판할 힘이 없었어. 그애들은 너무나 당당했으니까. 개인의 생각은 받아들여지지 않았어. 내가 원하던 대학은 그런 게 아니었어. 적어도 내 생각을 말해야 했어. 교수님을 향해 아이들이 노골적인 폭언을 퍼부을 때도 머리를 숙이고 울고만 있었어. 교수님은 결국 떠났고, 일 년도 되지 않아 돌아가셨어. 난, 더 이상 다닐 수가 없었어. 다시는 학교에 돌아가고 싶지 않았고….
영 순	그랬구나.
영 진	나는 내가 싫었어. 정말 내 존재가 싫었어. (영진은 발작적으로 기침한다)
영 순	태우자. 망설일 이유가 없어. 이걸 태워서 상이도 너도 이 집의 저주에서 벗어난다면 좋아. 태울 거야.
영 진	어디 가?
영 순	됐어. 따라오지 마.

(영순, 옷가방을 들고 부엌으로 해서 밖에 나간다. 영진은 힘없

이 침대에 드러눕는다. 요란한 냇물소리와 벌레들 소리, 고양이 소리가 한꺼번에 밀려온다. 요란하게 웃으며 우물쪽에서 영화와 영옥이가 장작을 들고 나온다. 둘은 머리카락과 옷이 물에 흠뻑 젖었다. 조명은 우물쪽에 스포트라이트를 비춘다.)

영　옥　그래서 개는 아버지 몰래 팔아버렸지 뭐야.

영　화　후후. 야단났겠는데. (바람 부는 방향을 잡아 장작을 쌓는다)

영　옥　아버지가 퇴원하고 나서 제일 먼저 뒷마당으로 가지 않겠어. 견공! 견공! 이렇게 부르면서. 내, 참. 기가 막혀! 당신 딸한테는 온갖 욕을 다 해대면서 그놈의 똥개한테는 왜 그렇게 절절매시는지 원. 눈물이 다 나더라니까.

영　화　개가 친구 해준 거였네.

영　옥　개는 개고, 사람은 사람이야. 난 개가 사람보다 더 대우받는 거 못 참아.

영　화　하긴, 질투도 나겠다, 얘.

영　옥　아버지가 나갔다 오시면 이놈의 개가 깽깽대고 날뛰고 난리야. 그러면 아버지는 어쩌는 줄 알아?

영　화　쓰다듬어 주시겠지.

영　옥　이건 쓰다듬는 정도가 아니야. (영순의 머리를 양손으로 잡는다) 이렇게 잡고 서너 번 딱딱 (박치기 한다) 부딪히는 거야.

영 화 아야야야….

영 옥 너, 아버지가 지정신이라고 생각하니?

영 화 재밌네 뭐.

영 옥 너도 또라이냐? 아니, 개하고 박치기하는 영감이 재밌다구?

영 화 얼마나 천진하시니 얘.

영 옥 천진이 사람 잡겠다. 이건 한밤에도 그놈이 문을 긁으면 자다가 이러시는 거야. 견공아. 왜 그러냐? 니도 가슴이 답답하고 잠이 안 오냐? 이러는 거야.

영 화 (깔깔거리며 웃는다) 아하하.

영 옥 그러면, 그놈의 개가 멍멍 하고 짖어댄다니까. 꼭 사람같단 말이야. 이 영감이 벌떡 일어나서 냉장고 열고 소주 한 병, 뼈다귀 한 개 들고 뒷마당으로 가서 니 한 잔, 내 한 잔, 니 한 잔, 내 한 잔.

영 화 아하하. 고만해. 고만.

영 옥 술도 못 마시는 분이 그렇게 나눠 마시고는 어쨌는 줄 알아?

영 화 뭐 또 남았니?

영 옥 니도 죽고 나는 죽는데 우리 어떻게 죽을래? 이러시는 거야.

(영화, 웃음을 그친다. 영옥은 종이를 구겨 장작에 불을 붙이고,
담배불도 붙여 문다. 둘은 불이 타는 것을 착잡하게 바라본다.)

영 화   상필이 아제 어때? 마음 좋으시니?

영 옥   맘이야 좋지.

영 화   부인은 어때? 괜찮니?

영 옥   좀, 맹한 구석이 있지만, 그만하면 착해. 왜?

영 화   아니, 우리 없음 그 사람들이 아버지 돌볼 것 아니니.

영 옥   아버지는 청승이야.

영 화   니가 집에 들어와 살지 그래.

영 옥   내 코도 석 자야.

영 화   너…. 빚은 다 갚았니?

영 옥   (움찔한다) 다 갚았어.

영 화   내가 꿔줄까? 물론, 이자도 줘야 돼.

영 옥   싫어. 니 돈 떼먹다간 시체 된다더라.

영 화   후후. 헛소리야.

영 옥   너, 정말 얼마나 돼?

영 화   뭐가?

영 옥   솔직히 말해. 재산이 총 얼마야?

영 화	얼마 없어.
영 옥	(담배를 땅에 비벼끈다) 나 좀 줘라. 돌려받을 생각 말고 한 장만 줘.
영 화	뭐 하려고?
영 옥	애들 데리고 이민이나 가게.
영 화	엉뚱하다 정말.

(영화는 고개를 절레절레 흔든다. 영옥은 주머니에서 캔 맥주를 꺼낸다.)

영 옥	마실래?
영 화	아니.
영 옥	술 마시는 건 내가 타고 났나봐. 아버지 말씀대로 술 때문에 망한 집이라 내가 그짝 났나봐.
영 화	(영옥의 표정을 살피며 지나가는 말투로 말한다) 아버지는 언니가 먼저 약혼을 깼다고 말씀하시대.
영 옥	(움찔한다) 그게 무슨 말이야.
영 화	너, 몰라? 정말?
영 옥	으응. 언니가 파혼한 뒤로 난 되도록 그 얘긴 꺼내지 않았어.
영 화	너도 언니가 파혼했다고 생각하는구나.

영 옥　　그럼 뭐야?

영 화　　이상해서 꼬치꼬치 물어봤지. 언니는 약혼자를 좋아했거든. 그런 언니가 약혼을 파혼하다니 말도 안 되지 않니? 죽어도 말 안 하더니 형부랑 이혼하고 나서 말해줬어.

영 옥　　(긴장한다) 파혼당한 거야?

영 화　　응.

영 옥　　… 왜?

영 화　　(영옥을 물끄러미 바라본다) 정말 몰라?

영 옥　　… 몰라…!

영 화　　니네 엄마가 약혼자한테 말했대. 언니가 복잡하다고….

영 옥　　뭐가?

영 화　　남자 관계.

영 옥　　제기랄!

영 화　　약혼자랑 언니는 이미 그런 관계였거든. 니네 엄마는 알면서 그런 거야.

영 옥　　(담배를 질근질근 씹는다) 무슨 얘길 듣고 싶어서 그래?

영 화　　진실을 말해주고 싶어서 그래.

영 옥　　무슨 진실?

영 화　　약혼자가 언니한테 그러더래. 자기가 파혼하면 언니한테 나쁠 테니까 언니가 파혼하도록 하재. 그래야 언니 위신이 서는 거니까.

영 옥 바보. 병신같이 뭐라고 말도 못하고 물러났을 거야.

영 화 마지막으로 남자가 할말 없냐고 묻더래. 언니는 아무 말도 안 했대. 정말, 한마디도 하지 않았대.

영 옥 (담배를 땅에 던지고 발로 비빈다) 왜 이제 그런 얘길 해.

영 화 솔직히 몰랐니?

영 옥 몰랐어.

영 화 니네 엄마는 언니 때문에 너가 망쳐졌다고 생각했어. 언니가 일부러 남자를 붙여줬다고 믿었으니까. 그때 넌 그 남자와 서울로 도망갔다가 아버지한테 끌려 내려 온 상태였고, 거기다 발까지 다친 상태였잖아. 나라도 그랬을까…. 널 망친 언니가 좋은데 시집가는 걸 니 엄만 못 참았던 거야.

영 옥 고만해. 넌 가시야! 아니 우린 모두 가시야! 가족이 아니라 가시라구! 상처를 후벼파는 가시라구!

영 화 내 말은 너도 가시라는 거야.

영 옥 그래! 나, 언니 남자를 사랑했어. 섹스폰을 기막히게 불었으니까. 나는 가수가 되고 싶었어. 우리는 같이 무대에 서는 꿈을 가졌어. 하지만 그건 꿈이었어. 단지 꿈이었다구. 그때만 해도 난 너무 어렸어.겨우 고등학교 1학년이니까 몇 살이야? 열일곱 살이야. 제기랄! 요즘 애들은 그 나이에 알 건 다 알지만 난 아무것도 몰랐어. 남자들이 어떻다는 걸 몰랐다구. 그런 나를 데리고 언니가 여행을 갔어. 그 남자하고. 혼자 가면 아버지한테 야단 맞으니까 날 데려간 거지. 난 그저 좋았어. 언니도 그 남자도 둘 다 좋아서 따라나섰어. 우린 딴 방을 썼어. 언니와 내가 한 방을 쓰고, 그 남자는 딴 방을 썼지. 그런데 세상에! 언니가 자다 일어나더니 남자 방에 가는 거야. 그리고 나 혼자였어. 일이 그렇게 벌어졌지. 그렇게 되리라곤 언니나 나 둘 다 상상도 못 했어.

영 화 휴! 그래서 도망갔구나?

영 옥 아버지가 서울로 찾아왔어. 우린 그 사람 고모집에 있었어. 밤무대에 설 수 없을까 해서 발이 부르트도록 오디션을 받으러 다녔지. 몇 군데 합격해서 의상을 고르러 남대문 갔다 오니까 아버지가 와 계셨어. 아버진… (갑자기 목이 멘다) 아버지는… 다짜고짜 우시는 거야. (영옥은 관객에게 등을 돌리고 한참을 서 있는다)… 그때, 그 사람 고모집이 노량진 본동 언덕배기에 있었어. 아버지하고 한강을 건너는데, 내가 막 울면서 애원했어. 죽은 딸로 여기고 그냥 가시든지, 아니면 한

강에 빠지겠다고 난간에 매달렸어. 아버지도 울고 나
도 울었어. 내 생전 그렇게 긴 다리는 처음 봐. (눈물을
안 보이려고 안간힘을 쓴다) 제기랄!

영 화　울고 싶음 울어!

영 옥　닥쳐!

영 화　쉿! 조용해. 언니 온다 .

(가방을 들고 영순이 우물 옆으로 나온다. 영순은, 맨발로 서
있다. 머리가 안개에 흠뻑 젖었고, 발은 흙이 묻어 있다. 약간
넋이 나가 있다. 영순의 뒤에는 검은 옷과 가면을 쓴 유령들이
열 명 정도 서 있다. 영순은 영옥과 영화를 못 본다. 영진은 고
개를 들고 우물쪽을 본다. 부엌문으로 나간다.)

영 화　언니….

영 옥　우리 얘기 다 들었어?

영 순　(희미하게 웃는다) 니들 춥지?

영 옥　왜 그래? (가방을 가리키며) 이건 뭐야?

영 순　으응, 우리 태우자. 어디서 태울지 몰라 여기 저기 다
녔어. 깨끗한 데서 태우려고 아무리 다녀도, 찾을 수
가 없었어.

영 화　뭘 찾는데?

(영옥이 가방 속에 든 물건을 꺼낸다.)

영　순　응? …. 여기가 좋겠다.

영　옥　이거 소복이잖아!

영　순　빌어. 빌자. 아버지가 지은 죄를 우리라도 풀자.

영　화　언니 왜 그래?

영　순　영화야 너도 빌어. 영진이, 영진이도 오라 할 걸….얘
　　　가 어딨지?

(영진이가 우물쪽에서 나온다.)

영　진　언니, 정말 태울 거야?

영　순　그래, 그래. 여기 앉아. 다들 앉아 봐.

영　화　(영진에게) 언니 왜 저러니?

영　진　점을 봤는데, 거기서 저렇게 하라했대.

영　옥　귀신이 곡할 노릇이네. 나한테는 아무 말 안 하더니
　　　다 준비했잖아.

영　화　무슨 말이야?

영　순　쉿! 조용해. 이제부터 태울 테니까.

(무대 조명은 연분홍으로 밝아진다. 옷을 하나 불에 던지면, 검

은 유령들이 서로 가지려고 싸우다가 옷은 조각조각 찢어진다.)

영 옥   우라지게 잘 타네.

영 순   (영순은 차례차례 던지면서 말한다) 이제 떠돌지 말고 편
히 쉬세요. 비나이다 비나이다. 편히 쉬세요. 편히 쉬
세요.

영 옥   (코믹하게, 그러나 열심히) 비나이다 비나이다. 돈 좀 많
이 벌게 해 주세요.

영 화   비나이다 비나이다. 다음에는 남자로 태어나게 하소
서.

(영순이 옷을 던지면 그 즉시 검은 유령들이 다 가져간다. 마지
막으로 어린 아기 옷만 남았다. 영순은 옷을 내려다본다.)

영 순   이 옷은 우리 집에서 죽은 아기들 옷이야. 여기 여자
애기 옷은 이화가 낳은 딸 꺼고 (냉장고 문이 열리면 그
안에 이화가 있다) 여기 이것은, 영옥이 오빠 꺼. (벽장 문
이 스르르 열리면 숙이 앉아 있다) 이건…. 영진이 오빠
꺼다. 이 세상에 겨우 열 달 살다죽었지. 그리고, 이
건, 이건….

(유령들은 그 옷마저 서로 뜯어가진 뒤 사라진다. 영순은 자꾸
옷을 꺼내 던진다.)

영 순   이제 됐어. 과거에 더 이상 매달리지 않을 거야…. (주
위를 둘러 본다. 밝게 웃는 모습이 오히려 불안스럽다) 날이
밝네. 상이가 잘 있나 몰라. 지금쯤 강릉 경포대에 있
을 거야. 상이가 자면 안 되는데. 누가 깨워주면 좋겠
어. 선생님들이 깨워줄까? (영화와 영옥은 대답이 없다)
지금 일어나면 일출을 보기에 딱 알맞는데…. 누가 깨
워주지? 아아. 상이. 불쌍한 상이. 일출을 보고 싶어
했었는데. 아아. 누가 깨워주지?

영옥, 영화   언니….

영 순   (김기풍은 일어나 헛기침을 한다) 아버지 벌써 일어나셨나
봐. 노인들은 새벽잠이 없으니 어서 아침을 해야겠다.

영 화   (영순의 소매를 잡는다) 상이는. 언니, 상이는 어디 있는
거야?

영 순   (허공을 보며) 상이?

영 옥   그래, 상이 무슨 일 생겼어?

영 순   아니. 우리 상이, 이젠 편안할 거야.

(암전.

냉장고와 벽장 우물 위로만 스포트라이트를 비춘다. 냉장고 문이 열리면, 깨끗한 옷을 입은 이화가 사과를 먹고, 벽장문이 스르르 열리면 깨끗한 옷을 입고 숙이 시가를 피운다. 우물 위로 선녀같은 옷을 입고 솟아오르는 금순은 뜨개질을 한다. 모두 행동을 멈추고 하늘을 본다.)

이 화   해가 뜨려한다.

숙   영원히 다시 뜨고, 영원히 다시 질 거고.

금 순   사람들은 계속 태어나고 계속 죽어가겠지.

이 화   죄를 짓고.

숙   죄책감에 시달리다가.

금 순   운명의 그물에 발목을 삐는 거야.

이 화   발목을 삔다?

금 순   하나님은 곳곳에 덫을 놓았지.

숙   운명의 독수리가 발톱을 드러내고.

이 화   행복에 눈먼 자를 노린다.

금 순   사는지 죽었는지.

숙   죽었는지 살았는지.

이 화   행복한지 불행한지.

금 순   아무도 모른다네.

숙   살아있는 거야?

이　화	죽어있는 거야?
금　순	하나님은 인간들에게 오아시스를 약속하셨지.
숙	내가 원하는 건 그 대답이 아니야.
이　화	기억을 상실하잔 말이야.
금　순	그거 괜찮은 소리야.
숙	이제 여길 떠날 거야.
이　화	아이, 답답해.
금　순	날이 밝았다. 오늘은 뭐 할 거니?
숙	(벽장문을 닫으며) 내 몸을 탐식하는 구더기를 쫓을 거야.
이　화	내 눈알을 굴리는 개미떼를 물리칠 거야. (냉장고문을 닫는다)
금　순	오늘은, 내 콧구멍에서 휴식하는 거머리를 몰아낼 거야.

(금순은, 우물 속으로 들어가고 유령들의 웃음소리 멀어진다. 암전되었다 다시 조명이 밝아지면, 식탁에 빙 둘러앉은 영진, 영옥, 영순, 영화, 김기풍. 그들은 식사를 한다.)

| 김기풍 | 너희들도 알다시피 나는 죽으면 선산에 묻힐 거야. 자리도 봐두고 터도 닦았다. 그러니 함부로 화장하거나 |

절에 맡길 생각은 하지마. 그리고 너희들은 내 재산을 함부로 팔 자격이 없을 거야. 사실은 땅하고 산, 이 집 모두 문중에 기부했다. 니들이 살아있는 애비도 모시지 않는데 죽은 애비 제사를 지내겠냐? 그리 알고 니들은 맘을 비워라. 할 말 있냐?

(아무도 말하지 않는다. 모두 굳은 얼굴로 밥을 먹을 뿐이다.)

김기풍 (밥맛이 없다. 수저를 놓고) 어째, 오늘은 찌뿌드하냐? (알람시계를 꺼낸다) 오늘 아침은 10분 늦었다. (태엽을 감는다) 밥 먹고, 30분 후에 약 먹고, 아니야. 지금 냉수부터 마시고 볼일을 봐야겠어. 어째 아랫배가 싸리하니 요상해. 밥을 먹어? 볼일을 봐? (영순을 보고) 어쩌까? (영순 멍하니 앉아 있다) 아니, 애야 왜 그러냐? 말을 해라 말을!

영 옥 상이가…. 상이가….

김기풍 상이가 어쨌단 말이냐 응?

영 화 (땅이 꺼질듯 숨을 내 쉰다) 아버지가 아신대도 무슨 소용 있겠어요.

김기풍 (안타깝게) 그럼 오늘 간단 말이냐?

영 순 상이 때문에 가야 해요. 수학여행도 가야 하고, 저, 운

동회도 해야 하고, 소풍도 가야 하고….

김기풍 아…. 다 글렀다. 다 글렀어. (의자에서 엉거주춤 일어난
다) 오늘 볼일은 쑥 들어갔다.

영 화 아버진 지금 그게 더 중요하세요?

김기풍 아… (고개를 갸웃하며 팔다리를 주무른다) 오늘은 어째 이
상하다. 나올라 그러다가 쑥 들어가버린다.

영 화 이제 다시는 마주 앉아 밥먹을 일 없을지도 몰라요.

김기풍 그러니까 많이 먹어라. (억지로 숟가락을 든다) 밥 먹자!
자꾸 먹으면 밀려 내려가겠지.

영 옥 아버지는 상이가 궁금하지도 않으세요?

김기풍 상이 수학여행 갔다며?

영 순 누가 깨워줘야 할 텐데….

영 화 아버지. (귓속말로) 언니 제정신이 아니에요.

김기풍 제정신 아닌 인간이 어디 한둘이냐?

영 화 그게 아니라. (귓속말로) 죽었어요.

김기풍 누가 죽어?

영 순 상이는 안 죽었어!

영 옥 아버지도 참. 그렇게 눈치가 없어요?

영 순 상이를 누가 깨워줘야 할 텐데…. 누가 깨워주지? 아
아.

(일어나 몽유병자처럼 거실을 어슬렁거리다가 이층으로 올라간다. 식구들 모두 영순의 뒷모습을 넋나간 듯이 보다가 허공을 향해 멍하니 시선을 던지고 본다.)

김기풍　저앤, 가끔 저런 증세를 보인단다. 한동안 뜸하다 했더니 재발한 모양이다. 처녀 적엔 아주 심했어.

영 진　아버지. 상이가 죽었어요. 한두 달 됐대요.

영 화　수학여행 가서 잘못됐다나 봐요.

영 옥　이젠, 갈 곳도 없는 모양이에요,.

김기풍　허! 꼴 좋다!

영 화　어쩜 그러세요. 남이라도 가슴 아플 텐데.

김기풍　봐라 봐! 내 가슴이 어디 가슴이냐? 무쇠다 무쇠! 누가 이렇게 했냐? 눈물조차 무쇠가 됐다. 무쇠!

영 옥　저도 가야 해요

김기풍　(완전히 밥맛을 잃었다) 그래, 잘가라. (심술난 아이처럼 입을 앙다물고 수저를 탁 놓는다. 영화에게) 물론 너도 오늘 가겠지?

영 화　결혼식 때문에 가봐야 해요.

영 옥　누구 결혼식?

영 화　내 결혼식.

김기풍　그래, 한강에 배 지나간 자국은 나타나지도 않는다더라.

영 옥   이번엔 오래 좀 살아.

영 화   나도 그럴 생각이야.

김기풍   (끄응거린다. 영진에게) 너도 가냐?

(말없이 식사를 한다. 영진은 몇 숟갈 떠먹다가 그만둔다.)

영 진   말씀 드릴 게 있어요. 저… 영축사라는 절에 들어갈
          거예요.

김기풍   (움찔한다) ….

영 진   거기 절에 생모가 있어요.

(모두 놀란 표정이다.)

김기풍   그게 뭔 소리냐. 니 엄마는 백정놈하고 살아.

영 진   오래전에 그랬죠. 지금은 혼자 암자에 있어요.

김기풍   비구니가 되다니 말도 안 돼.

영 진   ….

김기풍   난 돈 없다. 요양을 하려면 집에서 해.

영 진   제가 아프다고 해서 아버지한테 신세 지지는 않아요.

김기풍   산 팔아서 너 대학 보냈다. 지금 그게 얼만 줄 아냐?

열 배는 뛰었어. 니가 지금 그 정도 나한테 돌려주냐?
어림도 없제. 내가 뭣 때문에 자랑하는 줄 아냐? 자존
심 상해서 그런다. 니가 뭐 대단하다고 착각하는가 본
데, 니 병 니가 자초한거야. 내 책임은 아냐. 남들은
국민학교만 나와도 잘만 살더라. 펑펑 벌어서 동남아
다 중국이다 어디 해외여행 시켜주는데 난 이게 뭐냐!

영　화　자식을 무슨 노후보험으로 생각하세요 아버지?

영　옥　아버지 말씀도 일리있지 뭐.

영　화　그럼 넌 며칠 더 있다 가도 되겠네. (화장한다)

영　옥　아니야. 나도 급한 몸이야. 아버지야 집 있고 땅도 있
지만 난 아무것도 없어. 두 애 대학 보내려면 이 몸이
세 개라도 모자랄 지경이야.

(영순이 낡은 웨딩드레스를 입고 내려온다. 긴 면사포 자락을
들고 뒤따르는 영진.)

김기풍　가라. 이년들. 너희들이 왔던 길로 곧장 돌아가라. 이
년들. 내 니년들 덕볼 생각하다니 천만에 말씀이다.
아아. 정말 박복하다. 이게 내 운명이냐. 대대손손 임
종을 봐주길 바라진 않는다만, 아, 차라리 고려장이
낫겠다. 혼자 죽지 않으니 말이다. 저기도 유골, 여기

도 유골. 아직 숨 덜 끊어진 식물인간도 있을 테고, 까마귀 심장 파먹는 소리 들리고, 여우 우우우 간 빼먹느라 신나겠지. 아아. 죽음을 맞이하는 장렬한 기다림을 아느냐. 요년들. 너희들도 멀잖다. 탱탱한 육신이 안에서 점멸하는 소리가 안 들리냐. 아, 가라. 평생 짐짝처럼 심장을 짓누르던 것들. 보기 싫다.

(영순은 신부처럼 몽롱한 표정으로 가족들 앞에 선다. 영진은 엉거주춤 면사포 자락을 들고 서 있다.)

영　옥　　저건.

영　진　　벽장 속에서 찾아내더니 결혼식에 가야한대.

영　화　　누가 숨긴 거야?

김기풍　　그건 왜들 입고 난리냐?

영　옥　　언니!

영　진　　쉿! 언니는 지금 예식장에 가야한대.

영　화　　저거. 언니가 약혼기간 내내 만든 거잖아.

영　옥　　한 번도 입어보지 못하고 벽장 속에 틀어박힌 거야. 30년 동안.

김기풍　　(노크소리 울린다) 누구든 가서 저 소릴 멈추게 해. 어서! (아무도 움직이지 않는다. 계속 울리는 소리) 누가 온 게

냐. 너희들은 안 들리냐?

영 화 무슨 소리요?

김기풍 노크소리 말이다.

영 옥 아버지.

김기풍 나가 봐.

(영진 나가서 문을 연다. 무대 어두워지고, 밖만 환하게 빛난다. 영순의 환상이 실제 보인다. 오색종이가 터지고 폭죽이 터진다. 팡파레가 울리고 결혼행진곡이 퍼진다.)

영 순 (환하게 밝은 표정으로) 아버지. 결혼식에 늦겠어요. 어서 가요 네?

(가족들, 넋을 잃고 영순을 본다. 김기풍은 웃음과 울음을 동시에 터트린다. 그러나 한순간, 모든 감정의 동요를 잠재우고 휠체어에서 일어나 영순의 손을 잡고 결혼식장에 가는 것처럼 박수 갈채가 쏟아지는 출구를 향해 걸어나간다.

암전.

자동차 떠나는 소리.

현관문 밖의 조명 밝아진다. 김기풍은 입을 앙 다물고 걸어 들어와 휠체어에 앉아 죽은 나무를 바라본다. 그는 마지막 안간

힘으로 모든 것을 참는 표정이다. 현관문에 그림자가 비친다. 깔끔하게 양복을 차려입은 상필이가 등장한다. 상필은 1막에서와 달리 말이 없다. 그는 술에 취해 있지 않고 안정되어 보인다. 손에는 성경책을 들고 거실을 둘러보며 김기풍을 찾아 방으로 온다.)

상 필　형님, 저 왔어요.

김기풍　(돌아보지 않은채) 오냐.

상 필　애들은 모두 어디 갔어요?

김기풍　앞으로 언제 올지 모르는 애들이다.

상 필　해가 서쪽에 뜰 일이네. 저애들이 이번에 다 모였다니 믿어지지 않는 걸요.

김기풍　저 나무를 봐라. 흉칙하지?

상 필　오늘은 꼭 베어드릴게요.

김기풍　한순간 실수로 내가 저 지경으로 만들었어.

상 필　걱정마세요. 형님. 어쩌면 뿌리는 안 죽었을지도 몰라요.

김기풍　뿌리?

상 필　제초제가 풀을 죽이기 위한 것인데 나무 뿌리까지 죽이겠어요? 밑둥을 자르면 싹이 날 겁니다.

김기풍　내가 그걸 볼 수 있을까?

상 필 어디 가시는데요?

김기풍 (익살맞은 미소를 띠고 그제서야 상필을 돌아본다) 하늘나
라.

상 필 헤헤. 놀리지 마세요.

김기풍 (아래위로 훑어보며) 어디 가냐?

상 필 에이, 형님도. 오늘 일요일이잖아요.

김기풍 기도하면 예수가 금덩어리를 주냐?

상 필 나야, 수용 어매가 하도 가자하니 가죠 뭐.

김기풍 미친놈.

상 필 덕분에 술도 끊었어요. 교회 다닌 뒤로 술 보면 구역
질이 나요.

김기풍 그거 하난 신통하구나.

상 필 이렇게 맨정신으로 형님 보니 많이 늙으셨네요.

김기풍 너무 믿지 마라. 예수한테 빠지면 조상이고 뭐고 없다.

상 필 어디 가시는데요.

김기풍 말해도 넌 몰라.

상 필 헤헤. (공중을 가리키며) 저기 가시는 건 아니죠?

김기풍 하늘?

상 필 예.

김기풍 내가 뭐 하러 거기까지 비싼 돈 들여 비행기 타냐. (자
명종 시계가 요란하게 울린다) 9시다. 약 먹을 시간이야.

상　필　어이쿠. 저도 늦었어요. 그럼, 저 갈게요.

김기풍　잘 가라.

（상필이 열린 현관문을 닫고 나가면 무대 더욱 어두워진다. 바람이 불면 나무와 풍경이 흔들린다. 김기풍은 거실로 나가 주위를 둘러본다. 가스렌지 위에 가느다란 실조명이 비친다. 파란 가스가 가득차 있다. 밸브를 잠그지 않은 상태다.）

김기풍　(휠체어에 앉아 멍하니 주위를 둘러본다) 완전히 혼자야. 비명을 질러도 아무도 오지 않을 만큼… 혼자야. (바람이 무대를 휩쓴다) 빈손으로 왔다가 빈손으로 간다지만 이건 너무 억울하단 말이야. 승산 없는 일에 평생을 소모하다니. 헛살았다. (가스는 부엌을 채우고 거실 방까지 가득 채운다. 김기풍은 코를 벌름거린다. 가스렌지를 본다) 또 새고 있어. 알맞게 아주 알맞게… 문을 열어야지…. (김기풍은 여전히 그 자리에 앉아 있다) 어쩌면 최 영감도 가스가 새는 걸 알았을지도 몰라. 순간적이지만 그게 더 편하다는 걸 알았겠지. (졸린다. 서서히 눈을 감는다) 어떤 순간, 죽음이 오히려 친근감있게 여겨질 때가 있으니까….

(조명은 점점 작아지면서 김기풍을 스포트라이트로 비춘다. 그
는 미소짓는다. 파도의 움직임같이 조명이 출렁이면서 물고기
풍경이 움직인다. 경쾌한 음악이 흐르면서 막이 내린다.)

— 막.

집으로 가는 길, 1945년 8월

등장인물

김선호	(20세) 관동군.이등병
이영철	(21세) 일등병
다나까	(본명, 송병우) 중사
나쓰메	이등병
일본군 장교	
일본군 참모장	
아끼꼬	(19세) 본명, 명순.
	정신대 위안부
찐화	중국 위안부
찐저	찐화의 오빠
장소	만주 길림, 청진항, 원산역,
	김천역, 부산역
시간	1945년 8월 13일부터
	8월 17일까지.

1장_

만주, 들판에 세워진 군 역사.

대륙철도부대원들 나란히 도열해 앉아 있다.

선호와 나쓰메 이병이 함지박을 들고 온다.

꼼짝 않고 앉은 병사들 앞에 정종잔과 돔 한 토막 담긴 접시와 젓가락을 돌린다.

선호는 제일 먼저 다나시 부대장에게 드린다.

선호와 나쓰메 이병은 양쪽 끝에 앉아 자기 몫의 접시와 술잔을 앞에 놓고 앉는다.

무대 뒷면 전면에 일장기가 펼쳐진다.

일동 무대 정면을 향해 경례한다. 엄숙하게 일동은 일본국가를 부른다.

노래가 끝나면 일동은 음식을 먹기 시작한다.

선호는 밀려오는 공포에 젓가락을 쥔 손이 점점 떨린다.

일동은 모두 공포에 싸여 정지화면 속 인물처럼 그대로 멈춘다.

조명 어두워지면서 선호만을 비춘다.

선 호 출정이다. 주먹밥 하나 간신히 먹었는데, 오늘은 정종에, 생선 한 토막까지… (주위를 둘러본다) 이제 난 죽었다. 남의 나라 전쟁에 열아홉 살 내 청춘이 가게 됐네.

(선호, 다시 젓가락질을 하다 주머니에 든 전표를 무심코 꺼내 들여다 본다. 정적을 깨고 기적소리 울린다.)

2장_ 들판

담요로 칸이 쳐진 세 개의 방.

담요가 젖혀진 가운데 방에 병색이 완연한 아끼꼬 머리를 빗고
있다.

촛불이 일렁거리며 아끼꼬를 비춘다.

선호 쎈뻬이 과자봉지를 들고 들어온다.

아끼꼬와 선호는 조선말로 한다.

선 호   아끼꼬.

아끼꼬   오늘은 안 돼.

선 호   많이 아파?

아끼꼬   (고개를 끄덕인다)

선 호   괜찮아. 그러려고 온 게 아니야

아끼꼬   아침에 일어나 보니 다들 도망가고, 찐화와 나만 남았

어. 훈춘엔 벌써 소련군이 들어왔대. 관동군은 싸울 생각도 않고 피해다니나봐.

선 호　(주위를 둘러본다)

아끼꼬　(작은 소리로) 일본군에서 도망치면, 만주 처녀와 오천 원을 준대요.

선 호　(작은 소리로) 누가?

아끼꼬　(작은 소리로) 떠도는 소문이요.

선 호　소문?

아끼꼬　선호씨도 도망쳐요.

선 호　(아끼꼬의 입을 막는다) 쉿!

(아끼꼬 그대로 깊은 숨을 쉰다. 선호, 손을 뗀다.)

아끼꼬　여기 만주는 산이 없어 금방 잡힐 거야. 나 같은 여자는 달리기도 못하는 걸.

선 호　쉿!

아끼꼬　끝도 없는 벌판에 산도 없고, 길도 없고….

선 호　군에서 하라는 대로 하는 게 좋을 거야.

아끼꼬　무서우니까 하라는 대로 했지. (머리를 틀어올린다) 이젠, 무섭지 않아.

선 호　이거 먹어봐. 쎈뻬이야.

(선호, 아끼꼬에게 과자를 주고 자기도 하나 꺼내 먹는다.)

아끼꼬　속이 안 좋아 (과자 봉지에 도로 집어넣는다)

선 호　밥은 먹었어?

아끼꼬　(고개를 젓는다) 몸이 붓고 한기가 들면서 하혈이…. 지
　　　　　금도 그치지 않아.

선 호　아기는….

아끼꼬　606호 주사를 맞았어. 마취도 없이…. 애비도 모르는
　　　　　자식, 낳고 싶어서, 숨기고, 또, 숨겼지만….

(아끼꼬, 머리에 핀을 꽂는다. 선호, 쎈뻬이 과자를 먹다말고 내
려 놓는다.)

선 호　오늘 사자밥을 먹었어.

아끼꼬　사자밥?

선 호　정종 한 잔에 다이 고기 한 토막.

아끼꼬　… 그래서, 그런 꿈을 꾸었나?

선 호　무슨 꿈?

아끼꼬　옥색 치마저고리를 입고 고향 가는 꿈.

선 호　옷은 깨끗해?

아끼꼬　왜?

선 호   깨끗한지 더러운지 알아야 해몽하지.

아끼꼬   깨끗해.

선 호   길몽인 걸. 아끼꼬는 고향에 돌아가겠는 걸.

아끼꼬   (잠시 생각에 잠기다가 공포로 굳어진다) 꽃다운 이팔청춘!
어휴! 어휴! 어휴! 아아 아아….

(아끼꼬, 자기 가슴을 탕탕 친다. 처음엔 가볍게 치다가 점점
강도가 세진다. 선호, 처음에는 바라만 보다가 말리려고 손을
잡는다. 아끼꼬 갑자기 모든 행동을 정지한다. 선호 천천히 아
끼꼬의 손을 놓고 바라본다. 마치 촛불처럼. 아끼꼬의 형체가
사라질까 두려운 듯이.)

아끼꼬   (깊은 한숨) 하, 하, 하! 휴….

일본군   (옆칸에서 일본말로. 소리) 센징들은 불 켜놓고 그짓하나.
더러운 놈들.

(선호, 잠시 옆칸을 응시한 뒤 촛불을 불어 끈다.
달이 밝다.
아끼꼬 다리를 절룩이며 천막 밖으로 나와 앉아 달을 본다.
선호도 천막 밖으로 나와 앉는다.)

선 호 한가위처럼 밝네.

아끼꼬 우리 엄마 날 낳으시고 금이야 옥이야 키우실 때, 이렇게 망가질 줄 몰랐겠지. 지금도 내가 일본 방적공장에서 일하시는 줄 알아. 어제 목 매달아 죽은 순자는 야전병원에서 군복을 세탁하고 부상당한 군인들을 치료하는 줄 알았대. 어느 날 경찰과 이장이 집에 오더니 얼굴에 숯검댕이 칠한 순자를 끌고 가면서 2,3년 안에 돌아온다고 했다는데, 나는 순자처럼 자살할 용기도 없고, 도망갈 용기도 없으니. 나는 어쩌면 좋아. 트럭에 실려 올 때, 언니 어디로 가는 거예요? 물으니, 공장에 가는 게 아니야. 자장자장 하러 가는 거야. 거기 가면 부대를 전송해 주기도 하고, 노래도 부를 거야. 나는 그런 줄만 알았지. 이렇게, 이렇게, 이렇게, 이럴 줄은! 해방이 된다해도, 어찌 부모님 얼굴을 볼까. 세상이 부끄러워, 어찌 살아갈까. 결혼도 못하고, 아이도 못 나을 텐데. 내 나이 열.일.곱! 아흔아홉에 돌아가신 우리 할머니보다 더 늙어 버렸네.

선 호 (주머니에서 전표를 여러 개 꺼내 아끼꼬에게 준다) 나한테는 소용없어.

아끼꼬 쓸 데가 있을 텐데….

선 호   (아끼꼬 주머니에 넣어주며) 아끼꼬에겐 돈이잖아. 환불
　　　　받아서 고향 가서, 잘 살아. (잠시, 감정에 북받쳐) 여기
　　　　서 있었던 일, 모두 지워버리고….

아끼꼬   (떨리는 손으로 담배에 불을 붙여 선호에게 준다)

선 호   (받아서 몇 모금 피고 아끼꼬에게 준다)

아끼꼬   (담배를 건네 받아 핀다. 선호에게 건넨다)

선 호   (담배를 피고 아끼꼬에게 건넨다)

　　　　(담배 한 대를 다 핀 아끼꼬. 담배꽁초를 자신의 손등에 비벼
　　　　끈다.)

선 호   아끼꼬! (다급하게 아끼꼬를 말리고 아끼꼬의 손등을 입으로
　　　　분다)

아끼꼬   살아남거든 나중에 손등에 담배자국 있는 여잘 찾아.

선 호   아끼꼬! 아아.

아끼꼬   명순이요. 명순. 밝고 순하게 살라고, 명순이요.

선 호   부디, 살아서 고향 가오.

아끼꼬   살 것 같지 않아.

선 호   (작은 소리로) 남의 전쟁에서 죽으면 개죽음이야. 어떡
　　　　하든 살아야 해.

(옆칸에서 일본군 나쓰메 이등병이 나온다.

선호도 재빨리 나쓰메 이등병에게 간다.

아끼꼬 선호에게 손짓한다.)

나쓰메　기무라.

선 호　하이.

나쓰메　이젠 꽃을 다시 못 볼 것이다.

선 호　….

나쓰메　가자.

선 호　하이.

(나쓰메와 선호 퇴장. 나쓰메가 나왔던 천막에서 흐트러진 머리
를 만지며 찐화가 나온다.)

찐 화　아끼꼬 우리도 가자.

아끼꼬　어디로?

찐 화　내 고향 미란. 거기서 몸이 나으면 조선으로 가.

아끼꼬　폐 끼치기 싫어.

찐 화　길림에선 위안부를 모두 죽이고 떠났대.

(거구의 중국 청년 찐저가 무대 뒤에서 등장한다.)

찐 저 누나.

찐 화 잠깐만… (주위를 살피며) 들어와.

(찐저 들어온다. 찐화 아끼꼬의 옷가지를 주섬주섬 가방에 싼다.)

아끼꼬 찐화야, 괜찮아.

찐 화 (찐저에게) 내가 말했던 조선여자야. 지금 많이 아파서 업어야 해.

(찐저 아끼꼬에게 등을 내민다.)

아끼꼬 정말, 폐 끼치기 싫어.

찐 화 부대도 청진으로 가고, 나도 가면, 넌 혼자 남게 돼.

(찐화는 아끼꼬의 양쪽 겨드랑이를 껴안아 찐저의 등에 엎히게 한다. 찐저의 등에 엎힌 아끼꼬 흰 치마에 붉은 피가 물들었다.)

찐 화 아, 피다.

아끼꼬 밤새 피가….

찐 화   여기, 이불에도 피야. (주섬주섬 옷가지를 가방에 주어담고 손가락을 꼽으며) 5일이나 피를 쏟다니. 아끼꼬, 이러다 죽겠어.

아끼꼬   명순, 내 이름은 명순이야.

찐 화   명순. 조금만 참아. (찐저에게) 가자.

(찐저와 찐화 무대 주위를 둘러 보며 사라진다.

사이.

일본군인이 천막 주위로 휘발유를 뿌리고 성냥을 던지고 퇴장한다.

불길에 싸이는 천막.

선호, 무대로 뛰어와 천막 주위를 빙빙 돌며 소리친다.)

선 호   아끼꼬! 아…. 아끼꼬!…. 명순! 명순!

(조명 서서히 암전되면, 태평양 전쟁 때 많이 불리우던 '군함행진곡'이 흘러나온다.

점점 귀를 찢는 듯한 노래는 기적소리와 파묻혀 사라진다. 사이. 파도소리와 함께 다음 장으로 이어진다.)

3장_

청진 바닷가 요새.

무대 양쪽에 모래주머니로 만든 요새가 하나씩 있다.

왼쪽 요새에는 선호가 고장 난 대나무 총을 만지작거리고 있다. 오른쪽 요새에는 대나무 총을 가진 영철과 무쇠 총을 가진 나쓰메가 관객 쪽을 향해 총을 겨누고 있다. 영철은 식은땀을 흘리고 이를 부딪히며 덜덜 떨고 있다. 나쓰메가 가끔씩 영철을 흘겨본다.

나쓰메 많이 아파?

영 철 (고개를 끄덕인다)

나쓰메 나도 아프면 좋겠다. 이 말짱한 정신으로 소련군의 폭격을 감당해야 하잖아.

(무쇠 총을 한 번 시험해 본다. 총이 뻑뻑하다. 제대로 작동하
지 않는다.)

나쓰메 으악, 이게 뭐야. 작동이 안 되잖아.

(영철 더 심하게 이를 떨고, 나쓰메 공포에 질린다.)

나쓰메 내 약혼자 이름은 마키하라. 웃으면 덧니가 한가득 빛
난다. 마키하라와 나는 아들 하나, 딸 하나만 낳기로
약속했다. 전쟁이 끝나면, 고베시에서 신혼살림을 차
릴 거야. (자신을 위로하듯 엔카– 당시에 유행하던 노래로 전쟁
을 반대하는 듯한 내용의 엔카를 찾을 것–를 부른다)

(사이.
나쓰메 평정을 되찾고 관객을 향해 총을 겨눈다.)

나쓰메 조선식으로 네 이름 뭐야?
영 철 영, 철.
나쓰메 영? 철?

(영철 고개를 끄덕인다.)

나쓰메　영철! 너도 노래해봐… 군가 말고.

(영철 덜덜 떨며, 노래하려 하나 소리가 나오지 않는다. 입만 금붕어처럼 벙긋벙긋 거린다.)

나쓰메　(영철을 보고) 노래 안 해도 된다.

(나쓰메 다시 엄습한 공포와 맞싸우듯 비장한 각오로 총구를 이리저리 맞춰본다. 왼쪽 요새에서 선호가 고장 난 대나무 총을 끈질기게 만지작거리고 있다.

다나까 중사가 무쇠 총을 들고 등장한다.

선호는 다나까의 무쇠 총을 부러운 듯 쳐다본다. 다나까는 선호의 고장 난 대나무 총을 바라본다.

선호 대나무 총을 들어 다나까를 겨눈다. 다나까 대나무 총을 묵묵히 바라본다.

선호 다나까를 지나 무대 뒤를 쏜다. 방아쇠 당기는 소리만 철컥. 선호, 대나무 총을 거꾸로 들어 모래주머니에 툭툭 친다.

총알이 또르르 굴러 빠져나온다.

총알을 들어 다나까에게 보이는 선호.

다나까 선호를 무시하고 무쇠 총을 들어 관객을 향해 조준한 채 침묵한다. 선호도 고장 난 대나무 총으로 관객을 향해 조준

한 채 침묵한다.

사이.

조명이 붉은 저녁놀로 바뀐다.

선호, 저녁놀을 황홀하게 바라본다.

붉은 저녁놀은 무대를 서서히 회오리바람처럼 돌다가 갑자기

사라진다. 무대는 어두운 바닷물무늬로 뒤덮힌다.

영철의 얼굴은 공포로 거의 발작 직전의 상태.

사이.

사이렌소리.

무대 점점 어두워진다.

선호와 등장인물들 공포에 질린 얼굴로 변해간다.

영철이 갑자기 쓰러진다.

식은땀을 흘리면서 헛소리를 한다.)

영 철 안 가 안 가 안 가 안 가.

나쓰메 안 가?

영 철 (나쓰메의 바지를 움켜진다) 못 간다구! 난 못 가! 못 가 못 가 못 가.

나쓰메 몬가?

영 철 아 아 아 아.

나쓰메 조센징. 일본말로 해.

(나쓰메 영철의 뺨을 찰싹찰싹 친다. 영철, 기절한다.)

나쓰메 이봐! 이봐… 정신차려! 싸우기도 전에 죽으면 어떡
해! 위생병! 위생병!

(갑자기 비행기 소리가 무대를 가득 채운다.
무대는 순식간에 번쩍이는 불꽃놀이로 가득 채워진다.
다나까 총을 쏘지만, 총알이 금방 떨어진다. 총알을 다시 넣으
려고 할 때 거대한 폭발음과 함께 무대는 환하게 밝아진다.
모두 납작 엎드리지만, 영철만 천천히 눈을 뜨고 일어난다.
영철은 관객에게로 걸어와 천천히 말을 한다.
영철이 말하는 동안 무대는 정적이다.
짧은 순간이 영철의 의식을 확장시킨다.)

영 철 1945년 8월 14일께야. 그까네, 별도 달도 없는 깜깜
한 밤이랬어. 소련기가 마구 퍼붓는데, 영 맥을 못 추
대. 한참을 그라고 있는데, 멀뚱멀뚱 의식이 돌아오는
거라. 참, 그렇게 많은 별은 처음이야. 별을 보면서 생
각했제. 나는 고향 들판에 누워 별을 보는 거다.

(영철 제자리로 돌아가 쓰러지면, 소련군의 폭격이 시작된다.

무대는 다시 불꽃놀이처럼 요란한 굉음과 함께 번쩍번쩍거린
다.

사이.

소리는 사라지고, 영철의 녹음된 대사가 스피커에서 흘러나온
다. 영철의 소리가 흘러나오는 동안 무대는 불꽃놀이처럼 번쩍
거린다.)

영철의 소리   어머님, 나는 별 하나에 아름다운 말 한마디씩 불
러봅니다. 소학교 때 책상을 같이했던 아이들의 이
름과, 패,경,옥 이런 이국 소녀들의 이름과, 벌써 애
기 어머니 된 계집애들의 이름과, 가난한 이웃사람
들의 이름과, 비둘기, 강아지, 토끼, 노새, 노루···.
그러나 겨울이 지나고 나의 별에도 봄이 오면, 무덤
위에 파란 잔디가 피어나듯이 내 이름자 묻힌 언덕
위에도 자랑처럼 풀이 무성할 게오다.*(윤동주 시, "별
헤는 밤"중)

(암전.)

4장_ 청진 창고

창고 안과 밖.

창고 밖에는 산더미처럼 쌓인 총.

창고 안에는 쌓인 콩자루.

콩자루 더미 앞에 누워 있는 영철.

아침햇살이 스며든다.

바다에서 들려오는 뱃고동 소리. 평화롭게 들려온다.

선호와 다나까 중사가 총이 쌓인 곳에 자신의 총을 올려 놓고

창고로 들어간다.

선　호　(주위를 둘러보다가) 저, 왜 이렇게 조용합니까?

다나까　(주위 눈치를 보며 재빨리) 조심하세요…. 눈 밖에 나면

　　　　안 돼요.

선　호　갑자기, 존대말을….

다나까   댁은 징병되었지만 나는 지원병이지요. 하지만 내 의
사는 아니었답니다.

선 호   소련군이 점령했소?

다나까   청진은 박살났어요. 소련군은 무차별 폭격하고 다른
곳으로 가버렸답니다.

(다나까와 선호 콩자루를 짊어진다.)

선 호   만주 콩은 모조리 일본으로 가져갈 건가.

다나까   하루 종일 날라야 할 거요.

(다나까는 나간다. 영철 꿈틀거린다. 선호 다가간다.)

선 호   괜찮소?

영 철   물….

(선호, 영철의 머리맡에 놓인 주전자에서 물을 따라 준다.
영철, 정신없이 물을 마신다.)

선 호   당신도 살아있었군.

영 철   아! 어머니가 날 데리러 왔어.

선 호 꿈에?

영 철 아! 꿈에.

선 호 소련기가 폭격 하는 동안?

영 철 꿈이었소?

선 호 아니. 소련기가 폭격한 건 꿈이 아니고.

영 철 안 간다 했더니 손을 흔들고 사라졌어.

선 호 어머니께서 돌아가셨소?

영 철 예. 올봄에 군대 징병 오기 전에.

선 호 그럼, 당신은 살겠군.

영 철 어째서?

선 호 만약, 당신이 죽은 어머니 손을 잡고 따라가면, 당신
      도 죽은 거요. 하지만 따라가지 않았으니.

영 철 내가 싫다 했소.

선 호 그건 살고 싶다는 뜻이오.

영 철 꿈보다 해몽이 좋소. (비로소 웃는다)

(일본군인 나쓰메가 죽 그릇을 들고 등장한다.

총이 쌓인 곳에 자신의 장총을 놓고, 작은 권총을 꺼낸다.

총을 놓으려다 안주머니에 도로 넣는다.

창고에 가까이 다가가지 않고 선 나쓰메.)

| 나쓰메 | 요보끼리 뭐해! (선호, 일어나 콩자루를 짊어지려 한다. 나쓰메 선호에게 오라고 손짓한다. 선호, 콩자루를 짊어진 채 다가간다. 나쓰메 죽 그릇을 내민다) 먹여! |

(선호, 콩자루를 내려놓고 죽 그릇을 받아든다. 전염병에라도 걸릴 듯 손을 털며 나가는 나쓰메.)

영 철	나 장질부사 걸린 거지요?
선 호	이거라도 드시오.
영 철	(받아들고 먹다가 갑자기 귀를 기울인다) 왜 이렇게 조용하죠?
선 호	도대체 이긴 건지 진 건지 몰라요.
영 철	어디로 간데요?
선 호	일본 가는 배에 모조리 싣고 있는 중이요.
영 철	전쟁이 끝난 거요?
선 호	모르겠오.
영 철	콩을 왜 배에 싣는 걸까….
선 호	만주 콩을 다 들어낸 창고는 불을 질렀소.
영 철	(죽을 먹다가 갑자기 놀란 눈으로) 그럼, 여기에도 불을 지를까?
선 호	어서 기운을 차리시오.

(콩자루를 메고 일어서는 선호, 퇴장한다.

영철, 죽을 모두 먹은 뒤, 콩자루를 하나 둘 세어본다.

영철은 일어나 제일 작은 콩자루를 짊어진다.

비칠거리며 무대를 퇴장하는 영철.

무대 암전 되면서 기적 소리.

어둠 속에서 일본 군가를 부르는 소리 기적소리 끝에 이어진

다.)

5장_ 원산역

역전.

조명 밝아지면, "원산역"이라고 쓰인 낡은 간판이 반쯤 삐딱하게 달려 있다. 그 아래, 커다란 일장기가 달려 있다.

역원이 등장하여 일장기에 먹물을 덧칠해 태극기로 만든다.

기적소리.

역원은 모자를 쓰고 기를 들고 서 있다.

역원은 감격에 빛나는 환한 얼굴을 하고 있다.

기적소리와 함께, 무대 왼쪽 밝아지면, 기차가 들어온다.

기차에 탄 일본군인들은 일본군가를 부르고 있다.

선호와 영철, 나쓰메가 바닥에 앉아 있고, 다나까, 일본군 장교와 일본군인 1,2가 의자에 앉은 채 군가를 따라 부른다.

기차소리와 함께 기차에 탄 일행들은 일정하게 기차의 흔들림대로 몸을 흔든다.

기차가 천천히 역전에 들어와 정차하는 소리와 함께 태극기를 비추는 조명은 더욱 강하다.

일행은 모두 태극기를 본다.

일본군가가 갑자기 끊긴다. 일행은 저마다 군가 부르기를 그치고 그대로 호흡을 멈추고 있다.

정적.

일본장교가 벌떡 일어나 역전으로 걸어간다.

일본장교는 곧바로 역원의 목을 칼로 내려친다.

역원은 즉사한다.

일본장교는 태극기에 총을 쏜다.

일본장교는 기차에 올라탄다.

기차는 기적소리를 내며 흔들린다.

조명은 기차에 탄 일행을 비춘다.

사이.

기차방송에서 녹음된 천황의 연설이 들린다.

갑자기 기차 안은 일본군의 울음소리로 가득 찬다.

좌절감과 환희가 동시에 표현된다.

나쓰메는 울음을 터트린다.

일본 군인들은 모두 쭈그리고 앉아 통곡한다.

멍하니 있던 선호와 영철은 두려움 속에서도 희망을 감지한 눈빛을 나눈다.

선호와 영철은 다나까에게도 눈길을 보낸다.

다나까는 난처한 눈빛을 보낸다. 그러나 재빨리 웅크리고 가짜로 울기 시작한다. 선호와 영철도 가짜로 울기 시작한다. 그러면서 그들은 고개를 들고 서로를 살핀다.

이들 세 사람의 눈빛 속에서 대화가 이루어진다.

대화는 스피커를 통해 나오며 조명이 인물을 비춘다.

그들 세 사람만이 내면의 대화를 나눈다.

영 철 어떻게 된 거지? 태극기가 왜 달려 있지?

선 호 전쟁이 끝난 건가?

영 철 그럼 우리는?

(영철과 선호는 다나까를 본다.)

다나까 죽은 듯이 가만히 있어.

영 철 우리를 죽일까?

다나까 (고개를 가로 젓는다) 몰라. (고개를 끄덕인다) 가만히 있어. 없는 것처럼. 존재하지 않는 것처럼.

선 호 지금 우리는 서울로 가는 건가?

다나까 그래.

영 철 집으로 가게 할까?

다나까 몰라.

영　철 도망치면 안 될까?

다나까 안 돼.

영　철 우리를 죽이면 어쩌지?

다나까 그러니까 죽은 듯이.

선　호 화풀이로 죽일지도 몰라.

영　철 봤잖아. 죽이는 거.

다나까 기다려. 끝까지.

(사이. 이후부터 이들 세 사람의 대화는 실제로 발성한다. 그러나 다른 사람들은 세 사람의 대화를 들을 수 없다.)

영　철 일본이 망하면 우리도 망한 건가?

선　호 일본이 망하면, 일본군이 된 나는 어떻게 되는 건가?

다나까 신중하자.

영　철 태극기야. 저기 철원 역에도.

선　호 아무도 없어. 태극기만 있고….

다나까 (선호와 영철에게 눈짓) 절대로, 웃지 마. 가능한 눈에 띄지 않는 게 좋아.

영　철 이렇게 일본이 쉽게 망할 거면 군에 끌려오지 않는 건데.

다나까   경솔하게 행동하지 않는 게 좋아.

(나쓰메, 울면서 일본군가를 부른다.

선호 따라 부르나 아무도 노래하지 않는다.

나쓰메는 울음을 터트리고 선호는 노래를 그친다.

기차는 다시 기적소리를 울리며 출발한다.)

6장_ 김천역

달리는 기차 안.

무대 앞쪽은 기차 안에 탄 영철과 선호, 다나까 나쓰메 일본

장교 1,2가 있다.

무대 뒷쪽 역사에는 "김천"이라는 간판이 매달려 있다.

사람들의 함성. 기차 서서히 멈춰 서는 소리.

역전 앞에 태극기를 든 사람들이 만세를 부르고 있다.

사람들 소리 만세! 만세! 대한독립 만세!

(일본장교는 갑자기 일어나 역전을 향해 총을 쏜다.

나쓰메도 일어나 총을 쏜다.

영철은 벌떡 일어나 만세를 부른다.)

영　철　대한독립 만세! 만세! 만세!

(선호가 영철의 입을 막는다

기차가 서서히 움직이고 일본장교와 나쓰메 영철에게 총을 겨

눈다. 일본장교 총을 영철의 머리에 곧장 갖다댄다.)

일본장교　너의 눈물과 나의 눈물은 달라. 너의 눈물은 나라가

해방된 기쁨의 눈물이지만, 나의 눈물은 나라가 망한

슬픔의 눈물이다.

(일본장교 곧장 영철의 머리에 총을 쏴 버린다.

일본장교는 선호의 이마에도 총을 겨눈다.

다나까 벌떡 일어나지만, 두 주먹만 쥐고 부르르 떨 뿐이다.

선호는 두 눈을 감고 심호흡을 한다.

일본장교는 관객 쪽을 향해 총을 발사하고는 바로 무대 뒷면

구석으로 가서 웅크리고 운다.

나쓰메 울면서 영철에게 소리친다.)

나쓰메　조센징! 구제불능 조센징! 아아!

(영철의 이마로 피가 흐른다. 나쓰메 그의 피를 닦아준다.)

나쓰메 장질부사도 이겨낸 조센징! 어쩌자고 만세를! 만세를 불렀냐. 바보야. 바보!

영 철 미쳤다. 너무 좋아서, 미쳤다. (웃는다) 전쟁은 니네들이 했는데, 죽는 건 내가 왜 죽노.

나쓰메 아아. 위생병! 위생병! (퇴장한다)

(영철은 손을 뻗는다. 선호는 영철의 손을 잡는다.)

선 호 조금만, 참아. 위생병이 오면….

영 철 아, 집에 가고 싶은데…. (죽는다)

선 호 집에 가야지. 집에! 조금만 참으면 집에 갈 수 있어. 집에! 집에 가야지! 아아…. 집에 가야지!

(위생병 들것을 들고 등장한다.
영철의 죽음을 확인한 뒤 들것에 싣고 퇴장 한다.
선호는 멍하니 앞을 바라보며 앉아 있고, 다나까는 석고상처럼 서 있다.
다나까에게 일본장교가 다가간다.)

일본장교 너는 지금 복수를 생각하나?

다나까 아닙니다.

일본장교 그럼, 무슨 생각을 하나?

다나까 이제 나도 내 나라를 지키고 싶다는 생각을 합니다.

일본장교 그래? (주머니에서 권총을 꺼낸다. 다나까를 겨눈다. 다나까 눈을 감는다) 이걸 가져라.

(다나까, 얼굴을 들어 일본장교를 본다.

일본장교는 총부리를 자신에게로 향하게 한 채 다나까에게 총을 건넨다.

다나까가 받지만, 일본장교는 총부리를 잡고 그대로 있다.

다나까가 총을 놓는다.

일본장교는 다시 총을 건넨다.

다나까 총을 다시 잡는다.

일본장교는 총 쏘기를 기다리는 사람처럼 무방비 상태.)

일본장교 내가 너라면 총을 쏘겠다.

(일본장교는 곧장 퇴장한다.

다나까는 멍하니 총을 들고 서 있을 뿐이다.)

7장_ 부산역 광장

무대 뒷면 역사에 '부산역'이라는 간판이 걸려 있고, 그 아래 일장기가 태연히 걸려 있다.

관객을 향해 도열한 관동군들. 선호와 나쓰메, 다나까, 일본장교도 그 중에 서 있다.

데라니 참모장이 무대 앞 중앙으로 걸어 나와 관객을 향해 선다. 데라니 참모장은 분노로 몸을 부르르 떨면서 칼자루로 바닥을 쾅쾅 친다.

데라니　우리들 군인으로서 천황폐하의 명령에 복종하는 것 이외의 충절은 없다. 8월 15일 천황폐하께서는 종전을 선언하셨다. 우리는 30년 후에 다시 돌아올 것이다. 대일본제국은 망한 것이 아니라 시국의 흐름에 순

종하는 것뿐이다. 지금 이 순간부터 반도청년은 즉시 해산한다. 제군들은 대일본제국을 위해 명예롭게 싸웠다. 오늘부로 조선은 일본의 식민지국이 아니다.

(참모장은 연설을 끝낸다.

기적소리.

일장기가 내려지고 성조기가 올라간다.

무대 위 인물들은 퇴장하고 선호와 다나까 나쓰메와 일본장교는 군복을 벗고 평민복으로 갈아입는다. 선호와 다나까는 왼쪽으로 나쓰메와 일본장교는 오른쪽으로 퇴장하다가 갑자기 멈춰서서 서로 돌아본다. 무표정하게 마주 보고 선 채, 다시 돌아서서 퇴장한다.

암전.

어둠 속에서 군인들의 발자국소리 규칙적으로 들린다.)

8장_ 상경하는 기차 안

흰 한복 차림의 민간인들 속에 다나까와 선호가 앉아 있다.
모두들 무표정하게 라디오 방송에 귀 기울인다.

라디오아나운서   일본에는 240만 명이나 되는 조선인이 있습니
다. 일본인이 고국으로 돌아가지 못하면 조선인 240
만 명도 조선으로 돌아올 수 없습니다. 일본인에 대한
복수는 어리석습니다. 행동을 자제하시기 바랍니다.

(잔잔하게 음악이 나온다.)

선 호   드디어 조선이 해방된 거군요. 내 눈으로 확인하기 전
까지는 믿지 않았는데. (다나까에게) 고향이 어디오?

다나까   김천.

선 호   김천?

다나까   고향 사람들이 총에 맞는데도 가만히 있었소. 그중에
         내 사촌 동생이 있었을 수도 있소. 그래도 난 가만히
         있었소. 내 목숨 하나 부지한 것. 그게 살아온 이유요.
         당신 고향은 어디오?

선 호   물야요.

다나까   물야….

선 호   근처에 부석사가 있소.

다나까   순흥에서 가다보면 소수서원도 있고.

선 호   언제 온 적 있소?

다나까   수학여행 때 갔었소.

선 호   그곳에 오면 물야 사는 김선호를 찾아요.

다나까   그럴 수 있을지….

선 호   어쨌든 다행이지 않소. 이제 우리는 집에 갈 수 있으
         니….

다나까   집….

선 호   집에 가다니…. 꿈만 같소.

         (기적소리.

         무대 점점 어두워지면, 불빛이 무대 위를 휙휙 지나간다.

         어둡고 컴컴한 터널을 지나가듯 불빛이 사라지고 기차의 속도

가 가속화된다.

기차소리 잔잔해지면 음악이 흐른다.

무대 뒷면에 성조기가 벗겨지고, "1945년 8월 집으로 가는 길"

이라고 씌어진 플래카드가 드러나면서 암전.)

— 막.

왈카와 새롱이

등장인물

왈카(외계인), 새롱이(인형), 다운이,
신문 뭉치, 양배추인형, 피자 조각, 깡통,
신사, 그 외 쓰레기들.

장 소   쓰레기장, 선이네 집.

시 간   하룻동안 있었던 일

무 대   도시 변두리에 있는
　　　　쓰레기장.

무대 설명

쓰레기가 실린 리어카 한 대.
선이네 집은 간단한 창문과 방문이 있으면
된다.
무대 뒷면은 슬라이드를 비출 수 있는 막이
쳐져 있어야 한다. 이 막을 통해 별이 가득한
밤하늘이 비쳐진다.

막이 오르면, 쓰레기장의 쓰레기들이 빙빙 돌거나 어울려 춤을 추고 하늘의 별들이 하나둘 빛을 내며 반짝이기 시작한다.

쓰레기 1   우리들 모두모두 가여운 쓰레기들.

쓰레기들   (합창) 오늘은 누가 올까 내일은 누가 올까.

쓰레기 2   밤이면 서로서로 손잡고 춤을 춰요.

쓰레기들   오늘은 누가 올까 내일은 누가 올까.

쓰레기 3   지나간 시간들은 꿈같은 순간이야.

쓰레기들   오늘은 누가 올까 내일은 누가 올까.

쓰레기 4   하지만 지금 나는 버려진 쓰레기야.

쓰레기들   오늘은 누가 올까 내일은 누가 올까.

쓰레기1·2   우리들 모두모두 가여운 쓰레기들.

　　　　　　　밤이면 서로서로 손잡고 춤을 춰요.

다 함 께   룰랄라 룰룰랄라 룰랄라 룰룰랄라.

쓰레기3·4   지나간 시간들은 꿈같은 시간이야.

　　　　　　　하지만 지금 나는 버려진 쓰레기야.

다 함 께   룰랄라 룰룰랄라 룰랄라 룰룰랄라.

(그때 쓰레기더미 속에서 비명을 지르며 튀어나오는 새롱이 인형.)

새 롱 이　아아아악!

(모든 인형들 춤추는 동작 그대로 꼼짝 않고 일제히 주시.)

새 롱 이　제발! 그만하지 못하겠어? 너희들은 뭐가 그렇게 즐
　　　　　겁니? 버려진 쓰레기들 주제에. 정말 못 봐주겠어.
　　　　　내일이면 소각장에서 새카맣게 태워질지 고약한 쓰
　　　　　레기가 되어 썩을지 아무것도 모르는 멍청이들 같으
　　　　　니라구! (쓰레기들 기가 죽는다)

깡　　통　하지만 오늘은 즐겁게 놀고 싶어. 너도 내일 일은 걱
　　　　　정하지 말고 우리랑 놀자.

쓰레기들　그래그래. 노올자 새롱아.

새 롱 이　싫어. 난 너희들과 달라. 함부로 뒤엉켜서 놀고 싶지
　　　　　않다구. 잘못하다간 레이스 달린 예쁜 망사치마가
　　　　　찢어질 거야.

양배추인형　그럼, 어때. 어차피 모두 태워질 텐데.

새 롱 이　아니야! 난 너희들과 달라. 너처럼 실밥이 너덜거리
　　　　　지도 않고 깡통처럼 찌그러지지도 않았어. (신문을 가
　　　　　리키며) 너처럼 때묻지도 않았고, (피자 조각을 가리키
　　　　　며) 너처럼 원인불명의 화학약품도, 방부제도 안 들
　　　　　었어.

피자 조각   뭐라구? 날 모욕하는 말은 참을 수 없어 (피자 조각 새

롱이에게 덤비려고 하면 모두 말린다)

쓰레기들   싸우지마!

신문 뭉치   그래. 피자 조각 너가 참아. 우린 같은 신세야. 서로

아픈 상처를 건드리는 건 좋지 않지. 새롱아. 넌 예쁜

인형이야. 하지만, 너도 단점이 있다는 걸 알아야지.

새 롱 이   뭐라구? 내게도 단점이 있다구?

쓰레기들   그래그래.

신문 뭉치   넌 거만해.

피자 조각   예의도 없고.

양배추인형   고상한 척.

깡   통   혼자만 잘 났대!

쓰레기들   그래그래.

깡   통   왕년에 잘 안나가던 쓰레기가 어디 있는 줄 아니?

나도 예전엔 반짝이는 몸이셨지.

쓰레기들   그으–래?

깡   통   (깡통 갑자기 무리에서 튀어나와 어깨를 으쓱대며) 백화점

진열대에 그것도 인기품목만이 차지할 수 있는 입구

쪽 최상에 이 몸이 자리잡고 계셨단 말야!

쓰레기들   저엉–말?

깡   통   (깡통 못쓰레기들의 외경스런 눈초리를 사뭇 의식하며) 어

디 그뿐인 줄 아니? 이 몸은 원래 이곳 이 나라 출신
이 아니고 저 북유럽 스칸디나비아 동쪽에 위치한
'뽀르똥'이라는 아름답고 살기 좋은 나라에서 살고
있었지.

쓰레기들 (합창하듯) 뽀르또−옹?

깡   통 그래 뽀르똥. (그순간 깡통에 찌그러진 눈빛은 애처롭게
과거를 추억하는 듯하다가 갑자기 온몸에 힘을 주며) 난 그
곳에서 선풍적인 인기를 끌었지. 나의 인기는 전 유
럽으로 퍼져 나가 미주로 아프리카로 급기야는 아시
아로 그러다가 이곳까지 오게 된 거야. 내 몸속으로
들어오는 액체는 물보다 흡수가 빠른 스포츠음료라
서 사람들이 그 물을 마실 때는 얼마나 행복해 했는
지 아니? 그뿐이 아냐. 나를 마실 땐 따듯한 손으로
감싸며 행여나 흘릴새라 조심조심 다루었지.

쓰레기들 그런데?

깡   통 (불현듯 깡통의 눈빛에 살의가 돈다) 인간들은 나빠. 화장
실 갈 때 마음 다르고 화장실 나올 때 마음 다르다더
니 음료수를 다 마셔버린 후론 언제 그랬냐는 듯이
나를 비참하게 찌그러뜨려 휴지통에 집어던져!

(모든 쓰레기 공포에 떤다.)

깡　　통　(머리를 두 손으로 감싸며) 그 순간 구겨지는 나의 자존
　　　　　심!

　　　　　(모든 쓰레기 동정의 눈으로 바뀐다.)

깡　　통　그래도 그나마 착한 주인을 만나 재활용 캔통으로
　　　　　던져지면 다행이야. 나는 지지리도 복이 없어 천하
　　　　　에 개구쟁이를 만나는 통에 비 그친 아파트 앞 공터
　　　　　에서 조무래기들한테 이리 채이고 저리 채이고. 내
　　　　　그때 일을 생각하면 지금도 치가 떨려.
피자 조각　아. 그래서 너를 처음봤을 때 네 몸속에 온통 흙탕물
　　　　　이 고여 있었구나. 그런데 왠 잔돌멩이는 그렇게 많
　　　　　았니?
깡　　통　돌멩이를 넣어야 발로찰 때 음향효과가 좋대나 어떻
　　　　　대나.
쓰레기들　음-향-효-과?

　　　　　(그 순간 모든 쓰레기 약속한 듯 깔깔댄다. 그것을 본 깡통도
　　　　　마지못해 웃다가 서로에 웃는 모습을 보며 자지러질듯 웃는
　　　　　다. 그때.)

새 롱 이 조용히 해! 그래 그게 그렇게도 우습니? 지금 너희들 모습을 봐 하나같이 더럽고 추악해. 누가 누굴 보고 우습다는 거니?

쓰레기들 추악?

피자 조각 추악스럽다고? 적어도 난 아냐. 난 팔릴 때 원형 그대로 귀퉁이 한 조각만 베어졌을 뿐 비닐도 채 벗기지 않은 그대로야.

(모든 쓰레기 피자 조각에게서 한 발짝 물러서며 위 아래로 훑어본다.)

쓰레기들 정말. 그렇네.

피자 조각 난 이래뵈두 텔레비전 황금시간대에 무려 40여 초 동안이나 선전이 된 몸이시라구. 정확히 말하자면 47.5초!

쓰레기들 (눈이 휘둥그레지며 합창하듯) 사십-칠쩜-오-초?

(피자 조각 의기양양해진다.)

피자 조각 그래 그렇다구 그것도 요즘 어린이들한테 최고로 인기 있는 찐빵로봇이 나와서 나를 사랑스럽게 오븐에

굽는 장면과 함께 말야.

쓰레기들 정말?

피자 조각 정말이래두. 애들이 속고만 살았나. 내가 증거를 보여줄까?

(피자 조각 등 뒤에 붙어있는 상품 선전용 딱지를 떼려고 몸을 비튼다. 그러자 수많은 치즈가닥들이 그의 몸에서 떨어진다. 피자 조각 잠시 멋적은 듯 미소짓다가.)

피자 조각 여기, 여기를 봐. "티브이 러브 드라마 '멜랑과 꼴리앙' 방영 직후 절찬 선전중!"

(모든 쓰레기 놀란 눈으로 피자 조각을 둥글게 에워싸고 돌면서 훑어본다.)

피자 조각 (과장된 제스처로) 쌉쌀한 듯 달콤한 듯 향긋한 치즈피자, 우리 어린이들 입맛에 꼭 맞춘 우리만의 정통 피자, 자! 지금 달려오세요. 피자 한 판에 무조건 콜라 한 병 무료 서비스!

(피자 조각 한 손을 번쩍들고 몸을 빙그르 돌며 선전하는 흉

내를 낸다. 그 순간 가느다란 치즈가닥 와스스 쏟아진다. 모
든 쓰레기 흠칫 놀라며 어쩔 줄 모른다.)

신문 뭉치　큰일났다. 피자조각 어깨쭉지가 떨어져 버렸어.

피자 조각　흑- 난 원래 귀한 출신에 걸맞게 성능 좋은 냉장고
제일 윗칸에 있어야 하는데. 너무 더워. 이러다 상하
기라도 한다면. 아- 어쩌면 좋아!

새 롱 이　상하는 것 좋아하네.

(모든 쓰레기 새롱이에게 주시.)

새 롱 이　너의 몸속엔 방부제가 들어 있어서 절대 썩지 않아.
괜히 연약한 척 동정을 사려 들지 마. 누가 너의 속
셈을 모를 줄 알아.

피자 조각　뭐야? 연약한 척? 그리고 방부제가 어째?

새 롱 이　그래 네가 이곳에 버려진 것도 다 그 방부제 때문이
잖아. 어느 신문기자의 삼대 독자가 너를 먹고 배탈
이 나서 병원에 입원하는 바람에 다음날 아침 신문
에 네 몸속 방부제에 대한 신랄한 기사가 나오고 그
로 인해 너는 하루아침에 모든 가정의 쓰레기통 속

으로 낙하하는 신세가 되었지. (새롱이 점점 더 열을 올린다) 그뿐이 아냐.

쓰레기들 그럼 또 뭐?

새 롱 이 내가 버려지기 전에 TV에서 봤는데 다른 나라로 팔려나갔던 것들까지도 모두 되돌려 보내졌지. 엄마들은 아이들이 말을 듣지 않으면 '여보 쟤가 요즘 좀 이상한 것 같지 않아요? 방부제 든 피자를 먹은후론 말도 안 듣고'

쓰레기들 정-말?

피자 조각 그만! 그만 해! 제발 그만 해! 흑-

(피자 조각 몸서리치며 쓰레기더미 속으로 사라져 버린다. 뛰어가는 그의 몸에선 조금 전보다 더 많은 치즈조각들이 바람에 흩날린다.)

깡   통 안 됐다.

신문 뭉치 슬프다.

쓰레기들 정-말.

새 롱 이 너희들도 모두 자기 자신을 알아야 해. 버려진 주제에 뭐가 좋다고 히히덕거리고… 그래봤자 덜그덕거리는 소리만 요란하고 (이때 깡통 흠칫 놀란다) 치즈조각만 떨어지고, 너덜너덜 부스럭거리기만 하니까.

신문 뭉치   너덜너덜… 부스럭?

새 롱 이   그래 너덜너덜 부스럭!

신문 뭉치   너 지금 나보고 그랬니?

새 롱 이   그-래.

신문 뭉치   나도 처음부터 이러진 않았어. 적어도 발레리박사집 서가에 쌓여 있을 때만 해도 이렇진 않았다구!

쓰레기들   발. 레. 리?

신문 뭉치   그래 버네키 쇼롬스카야 에드바르도 발레리!

깡   통   버네키?

양배추인형   쇼롬스카야?

새 롱 이   에드바르도?

(이때 쓰레기더미 속에서 사라졌던 피자 조각이 슬그머니 머리를 내밀며)

피자 조각   발레리라고?

(모든 쓰레기 깜짝 놀라며 뒷편을 잠시 주시한 후, 궁금한듯 신문지에게 곧바로 시선을 돌린다.)

신문 뭉치 그분은 정말 천사같은 분이셨어. 국립 한국대학 어린이 장난감 연구학과 외국 초빙교수였지. 아침이면 배달되는 영자신문인 나를 하루 종일 데리고 다니셨지. 출근할 땐 그분의 카키색 바바리 왼쪽 주머니에 질끈 집어넣고 따뜻한 손으로 만지셨지. 그때 내 가슴은 얼마나 떨리던지.

(신문지 상기된 표정으로 말을 제대로 잇지 못한다.)

피자 조각 (어느새 앞으로 나와있다) 아―황홀해.

깡   통 그분도 아마 물보다 흡수가 빠른 나를 마셨을 거야.

양배추인형 그분 책상 위엔 양배추인형이 있었을 것 같아.

(그때 새롱이 비이냥거린다.)

새 롱 이 근데 왜 지금은 너덜너덜 부스럭거리실까?

신문 뭉치 제발 그 너덜너덜이란 말 좀 쓰지 마. 부스럭은 참을 수 있지만 너덜너덜은 참을 수 없단 말야. (슬퍼지며) 사실은 내 몸 3쪽 아래칸에 장난감 할인 쿠폰이 있었는데 그집 아들 코스비와 죠스가 서로 뜯어가려는 통에 이렇게 돼버렸어. 그 와중에 우유도 엎질러

서… (흑-) 그러니 제발 그 너덜너덜 소리 좀 그만해 아픈 과거가 되살아 나는 것 같단 말야.

피자 조각 그렇지만 널 사랑해 주시던 발레리박사가 있었잖아.

신문 뭉치 그건 그렇지 않아. 우유를 쏟아 다 떨어진 신문지를 뭐에 쓰겠니? 축축한 종이는 재활용도 안 되거든. 게다가 냄새까지 나니까.

깡   통 신문지야. 너무 그렇게 슬퍼하지마. 넌 나보다 냄새가 그리 심하지 않아. 아무에게도 말하지 않았지만 사실 내 몸속엔 물에 불려진 담배꽁초가 몇 개 있어.

쓰레기들 담배꽁초?

깡   통 그래 담배꽁초. 공터에 어른들이 버리고 간 담배꽁초가 이리 굴리고 저리 굴리고 하는 통에 내 몸속으로 들어가 버렸어. 너 물에 불린 담배꽁초가 얼마나 역겨운 줄 아니?

신문 뭉치 설마.

깡   통 정말야. 너만 살짝 맡아 봐.

(깡통, 신문지에게 몸을 기울여 속의 오물을 보여준다. 신문지 코를 벌름거리며 냄새를 맡다가.)

신문 뭉치 웩! 우웩!

(그 순간 모든 쓰레기 놀라며 뒤로 물러선다. 깡통, 난처해하
며 어쩔 줄을 모른다.)

깡 통 미안해. 심한 줄은 알았지만… 그렇게… 심하니?
신문 뭉치 아냐 오히려 내가 미안해. 넌 날 위로하려고 그런 건
데….

(이때 깡통 신문지 쪽으로 한 발짝 다가오며 손을 잡으려 한
다. 신문지 깜짝 놀라며.)

신문 뭉치 아, 아냐 됐어. 이젠 괜찮아.

(하지만 눈치 없는 깡통 더욱 가까이 다가서며.)

깡 통 난 이제 너의 친구가 될….
신문 뭉치 웩-우웩-웩!

(모든 쓰레기 깡통에게서 더욱 물러난다. 이때 새롱이 싸늘한
시선으로.)

새 롱 이 잘들 논다. 똥 묻은 개가 겨 묻은 개 흉본다더니. 너

희들은 자존심도 없니? 그럴 시간 있으면 수돗가로 가서 몸이나 깨끗이 씻고 재활용 창고나 기웃거리라고. 혹시 아니? 운이 좋아 환생하게 될지. 안 그래 깡통?

깡 통 (깡통, 적의에 찬 눈으로 노려보며) 넌 정말 나빠. 어쩌면 그렇게 남의 아픈 구석만 골라가며 쑤셔대냐?

피자 조각 그래 넌 정말 나빠. 네가 나에게 그런 말만 안 했어도 난 조금 전까지도 행복했다고.

신문 뭉치 그래 그래 쓰레기 소각장이면 어떻고 난지도면 어떻니? 어차피 우린 모두 버려진 쓰레기들 아니니? 어차피 주인한테 버려진 바에야 우리끼리라도 손을잡고 즐겁게 지내야 되지 않겠니?

양배추인형 그래. 새롱아 넌 정말 나빠! 같은 인형으로서 창피해. 누구보다도 마음씨가 고와야 할 우린데, 정말 네 주인은 누군지 걱정된다.

새 롱 이 뭐라구? 나 참 기가 막혀.

양배추인형 누구나 단점이 있어. 털어서 먼지 안 나는 사람 어디 있니. 난 쭉 옆에서 지켜보고만 있었지만, 오히려 네가 가여워. 그렇게 자꾸 남의 나쁜 점만 들추다간 넌 혼자가 되고 말 거야. 아무도 널 사랑하지 않을 거야.

새 롱 이 흥! 상관없어.

양배추인형 (슬픈 얼굴로) 그렇다면 다행이지만, 누구도 너하고 놀
지 않을 거야.

쓰레기들 그래. 우린 너랑 놀지 않을 테야.

새 롱 이 좋아! 나도 너희들같이 더러운 애들이랑 놀지 않아!

깡　　통 흥! 애들아 우리 저기 가서 재미난 놀이 하자.

쓰레기들 그래그래. 흥!

(모든 쓰레기 일제히 사라지고 새롱이 인형 혼자 남는다.)

새 롱 이 흥! 가라지 뭐.

(잠시 적막이 맴돌고 쓰레기장을 가르는 으시시한 바람소리.
갑자기 무서워지는 새롱이.)

새 롱 이 난… 무. 무섭지. 않아. (목소리 기어들어 간다)

(이때 또 한 번 세찬 바람 휘몰아치며 잡동사니 구르는 요란
한 소리.)

새 롱 이 아—아악! 난 무. 무섭지 않아. 흑— (새롱이 온몸을 떨며
흐느낀다) 절대 무 무섭지 않다구. (두 눈을 질끈 감았던

새롱이 한 눈을 살짝 뜨고 주위를 슬그머니 둘러본다) 무섭지- 않아. (들릴듯 말듯) 무섭지 않아 (새롱이 용기를 내어 노래를 부른다)

무섭지 않아. 난 무섭지 않아. 이 어둠이 오히려 나는 좋아.

외롭지 않아. 난 외롭지 않아. 이 슬픔이 오히려 나는 좋아.

누구나 혼자 남겨질 때가 있지. 누구나 혼자 울 때가 있어.

아. 하지만 나는 외톨이야. 아무도 사랑하지 않을 거야.

무섭지 않아. 난 무섭지 않아. 이 어둠이 오히려 나는 좋아.

외롭지 않아. 난 외롭지 않아. 이 슬픔이 오히려 나는 좋아.

(순간 어두운 세상 갑자기 밝아졌다 다시 어두워진다. 새롱이 놀란 눈 튀어나올 듯. 잠시 적막. 쓰레기장 너머로 쏟아지는 번개 줄기.)

새 롱 이   어? 어어- (허둥댄다)

(꽈과광─쩍. 버쩍 찌르르. 요란한 번개소리 계속. 그와 함께 수많은 비누방울이 무대 위로 쏟아진다. 시간은 멈춘 듯 고요한 가운데 천상에서 들려오는 듯 고요한 음악이 밀려온다.)

새 롱 이   아! ─아아 (입을 다물지 못한다)

(저 멀리 검은 하늘엔 긴꼬리의 작은 유성. '슉─' 하는 소리와 함께 나타났다 사라진다. 새롱이 넋을 놓고 보는 동안 음악 멈추고 잠시 고요. 새롱이 홀린 듯 꼼짝않고 멈춰 있다. 그때 누군가 새롱이의 어깨를 살짝 두드린다. 기절할 듯 놀라는 새롱이.)

새 롱 이   악! ─ 아아.

(돌아보니 우스꽝스럽게 생긴 왈카의 모습. 깡마르고 긴 팔에 가분수, 두 눈은 튀어나올 듯 커다랗고 코는 자세히 봐야만 보일 듯 구멍만 빠끔하게 뚫려 있다. 앵두같이 빨갛고 동그란 입술에 거짓말을 하려는 듯 혓바닥을 연신 내밀며 입 주위를 핥는다. 당나귀 귀를 붙여놓은 듯 커다란 귀가 정수리 가까이 붙어 있고 목은 유난히 길어 그 위에 있는 머리가 위태롭다. 손가락과 발가락은 긴 촉수와도 같다. 머리를 좌우로 움직일

때마다 손가락 발가락은 약속한 듯 꼬물거린다. 이마엔 작은
전구같은 조그만 불빛이 반짝반짝 빛난다.)

왈 카 아빠 까바?

새 롱 이 너. 너. 넌 누. 누. 누. 누구니?

왈 카 놀라지 마. 난 왈카라고 해.

새 롱 이 왈– 칵?

왈 카 아니 왈칵이 아니고 왈카. 난 저 먼별 '데리마까세'
별에서 왔어. 우리별에선 '안녕하세요?' 란 뜻이지.

새 롱 이 안녕 하세요?

왈 카 응. 안녕하세요.

새 롱 이 데리마…?

왈 카 까세.

새 롱 이 데리마까세?

왈 카 응. 데리마까세. 우리 별은 아니 나의 별은 아주아주
조그만 별이지. 딱 누우면 발끝 아래 다른 별이 보이
는 그렇게 작은.

새 롱 이 아주–작–은?

왈 카 응 아주 작은. 그 별엔 나보다 조금더 큰 고추나무가
한 그루, 하얀 조약돌 두개, 무지개빛 달팽이 세 마
리, 왕지렁이 네 마리 그리고 또….

새 롱 이 또?

왈　카 작은새 한 마리. 응. 그래 작은새 한 마리.

새 롱 이 무슨 새?

왈　카 아주 작은새… (꿈꾸듯 혼자 중얼거린다) 작은새는 말했지. 이곳에서 300광년 떨어진 지구라는 행성에 가면 '사랑'을 가져올 수 있다고

새 롱 이 사—랑?

왈　카 (꿈에서 깬듯) 사랑이 뭐지? 예쁜 거니? 아니면… 아니면 먹는 거?

새 롱 이 뭐야? 먹는 거라구? 깔깔깔…. (배꼽을 쥐며 웃는다)

(왈카 자존심이 상한 듯 새롱이를 부끄럽게 바라본다.)

새 롱 이 깔깔깔 뭐야? 사랑이 깔깔깔 먹깔깔 는깔깔 거라구 깔깔….

(왈카 안절부절 못한다.)

새 롱 이 그래 아주 달콤한 거란다. 깔깔깔.

왈　카 너무 그렇게 놀리지 마! 난 꼭 사랑을 찾아야만 돼. 그게 있어야만 난 그 별에서 살아갈 수 있어.

새 롱 이 왜?

왈　　카 처음부터, 처음부터 나의 별이, 아니 우리 별이 그렇게 작지는 않았지. 적어도 내 몸이 아주 작았을 적엔.

새 롱 이 아주 작았을 적엔?

왈　　카 응. 아주 작았을 적엔. 그런데 내 몸이 조금씩 커져가기 시작했어. 아주 조금씩.

새 롱 이 아주 조금씩?

왈　　카 응! 아주 조금씩. 더 이상 그곳에 있다간 달팽이도 조약돌도 우주 속으로 떨어지고 말 거야.

새 롱 이 고추나무도?

왈　　카 응. 고추나무도, 조약돌도. 아마 작은새도 날아가버리고 말 걸. 그러니까 난 꼭 사랑을 찾아야 돼. 작은새가 그랬어. 사랑을 찾아 돌아오면 더 이상 내 몸은 커지지 않고 오랫동안 그곳에서 살 수 있다고. 그래서 사랑을 찾아야 돼. 넌 혹시 아니? 그게 어디에 있는지?

새 롱 이 왈카, 사랑이라는 건 사실 달콤하거나 예쁜 물건이 아냐. 물론 먹는 것도 아니고.

왈　　카 먹는 게 아니면?

새 롱 이 사랑은 느끼는 거란다. 마음속으로.

왈　　카 마음속으로?

새 롱 이   응, 마음속으로. 하지만 나도 자세한 건 몰라. 단지 들었을 뿐야. 사랑을 하면 온 세상이 아름다와 보이고 모든 게 기뻐 눈물이 나온다고.

왈　　카   눈물?

새 롱 이   응! 눈물. 두 눈에서 눈물이 나오면 사랑을 느낀 거래.

왈　　카   두 눈?

새 롱 이   그래. 두 눈. (양쪽 검지 손가락으로 자신의 두 눈을 가리킨다)

왈　　카   너도 거기서 눈물을 나오게 할 수 있니?

새 롱 이   난, 난 두 눈에서 눈물을 흘려 본 적이 없어.

왈　　카   한 번도?

새 롱 이   응 한 번도.

왈　　카   아! 어떻게 하면 눈물을 흘려 사랑을 느낄 수 있을까. 새롱아, 날 좀 도와 줘. 내가 사랑을 느껴 나의 별에서 아니 우리 별에서 오래오래 영원토록 살 수 있게 도와줘.

새 롱 이   (갑자기 웃음을 참다가 터트린다) 아하하하. 도저히 못 참겠다. 우헤 헤헤헤. 너같이 못생긴 외계인을 누가 사랑하니? 꿈 깨!

왈　　카   지금 난 꿈꾸는 거 아니야.

새 롱 이 (쌀쌀맞게) 흥! 내가 너같이 못생긴 외계인하고 상대

하다니 나도 참 한심하다.

왈　카 새, 새롱아. 가르쳐줘. 그러면 네 소원을 들어줄게.

새 롱 이 (귀가 솔깃하다) 정말?

왈　카 응. 난 뭐든지 내가 원하는 대로 할 수 있어.

새 롱 이 그럼 내 도움도 필요없겠네. 사랑도 너 혼자 찾을 수

있을 테니까.

왈　카 아니야. 난 눈물을 본 적이 없어. 눈물은 이슬방울이

야? 아니면 빗방울이야?

새 롱 이 하지만 난… 난 방법을 몰라. 아무것도.

왈　카 아냐. 넌 할 수 있어. 왈카는 널 믿어.

새 롱 이 (잠시 생각한다) … 생각해 냈어. 내 옛주인은 날 그리

워하며 눈물짓고 있을 거야.

왈　카 옛주인? 그럼 가 보자. 나와 함께 사랑을 찾아 떠나

자.

새 롱 이 다, 다운이 집이야.

왈　카 내 어깨를 꽉 붙잡아. 그러면 빛의 속도로 원하는 곳

어디라도 여행할 수 있으니까.

(새롱이 왈카에게 엎힌다. 왈카 뛰는 시늉을 한 채 정지. 어두

워지는 무대. 음악. 레이저 광선이 어지럽게 움직이다가 정지

하는 곳에 나타나는 다운이네 집. 눈이 내리는 예쁜 집의 창
가. 왈카와 새롱이는 몰래 창문을 들여다 보고 있다. 아마도
다운이의 생일인 듯. 새인형을 선물 받고 기뻐하는 모습. 빨간
레이스가 달린 공주인형이다. 새롱이, 가슴아프게 쳐다본다.)

새 롱 이   아….

(다운이 공주인형의 뒤통수에 매달린 물주머니를 누르자 인형
의 눈에서 물총처럼 눈물이 쭉 나온다.)

왈　카   어! 눈물! 눈물이다.

다　운   (아기울음을 흉내내며) 앵앵앵. (목소리를 바꾸어) 어이구
내 새끼. 누가 그래 누가? 응? (아기울음소리로) 앙앙
앙. (인형 치마를 들치며) 아고 우리 애기 쉬했네. 아구
구 내 새끼.

왈　카   쉬가 뭐야?

새 롱 이   ….

다　운   우리 애기 엄마가 안아줄까? (인형을 안고 토닥토닥 두
드리며 자장가를 부른다) 자장자장 우리아가. 샛별같은
우리 아가. 우리 우리 우리 아가.

새 롱 이   (슬프게 따라한다) 잘도 잔다 우리 아가. 자장자장 우리

아가.

다운이 엄마 목소리   다운아 어서 자거라.

다   운   예, 엄마. 아가 우리 코 자자. (팔에 안고 잠이 든다)

(갑자기 목이 메어 얼굴을 가리고 울어버리는 새롱이. 왈카
잔뜩 긴장하고 새롱이를 바라본다. 좀처럼 울음을 그치지 않
는 새롱이. 왈카는 새롱이가 고개를 들기를 기다린다. 사이.
새롱이의 울음소리가 잔잔해진다. 왈카가 얼굴을 보려하자 얼
굴을 돌리는 새롱이. 새롱이는 부끄러워 왈카를 피한다. 왈카
는 새롱이의 얼굴을 보려고 맴을 돈다.)

왈   카   보여줘! 보여줘! 보여줘!

새 롱 이   싫어! 싫어!

왈   카   눈물! 눈물이 흘렀어. 새롱아. 눈물이 흘렀다고. 안
보이니?

새 롱 이   (울먹이며) 내 눈에 흐르는 눈물을 내가 어떻게 보니
바보야. 흑

왈   카   하지만 눈물이 흘렀다고.

새 롱 이   이건 사랑의 눈물이 아니란 말야.

왈   카   사랑의 눈물이 아니라고?

새 롱 이   그래. 이건 사랑의 눈물이 아니야. 질투와 원망, 서

러움이 뒤섞인 울음이야. 그리고 인형은 눈물을 흘릴 수 없어. 이건 좀 전에 너가 타고 왔던 비누방울이 터졌을 때 뺨 위에 남아있던 물방울일 뿐이야.

왈 카 … 아! 다운이의 인형은 눈물을 흘렸어.

새롱이 (갑자기 쌀쌀한 태도로) 넌 정말 생긴대로 무식하구나. 그건 눈물이 아니라 물이야. 수돗물! 요즘은 별 희한한 인형이 다 있어. 앵무새처럼 녹음된 말을 지껄이질 않나. 사람처럼 여러 벌의 옷을 맞춰 입히질 않나. 그런 인형은 정말 한심한 생각이 들어. 도대체 주관이 없다니까.

왈 카 주관이 뭐야?

새롱이 (히스테릭하게) 주관도 몰라? 아, 바보! 넌 정말 바보야.

왈 카 바보?… 바보?

새롱이 그래 바보! 주관이 뭔지도 모르는 사람은 바보야. 그러니까 주관은 바보들이 알 수 없는 낱말이야.

왈 카 낱말? 낱말?

새롱이 악! 정말 못 참겠어. 너처럼 수준낮은 애랑 어울리기 싫어. 가! 가! 어서 꺼져버려! 주관도 모르고 낱말도 모르고 눈물도 모르고 사랑도 몰라! 도대체 너같은 멍청이가 아는 게 뭐니! 포기해! 꿈 깨! 넌 사랑 받을 수 없어! 아무것도 모르는 바보를 누가 사랑해. 너랑 다닌 내가 바보다. 바보야! (갑자기 폭발한다) 난 바보야! 바보라구! 바보! 바보! 바보! 흑! (새롱이 울음을 터트리며 무대 뒤로 사라진다)

왈 카　(덜덜 떨며) 삐까 삐까 뿌 뿌뿌뿌프프프 삐삐삐 프르르 쉬 수시 추워… 여, 여기는… 추, 추워… 가, 가여운… 새, 새롱이… 마, 마음… 아, 아픈… 새, 새롱이….

(왈카 움츠리고 앉아 슬프게 어깨를 들썩이며 운다. 슬픈 음악이 흘러나오는 동안, 조명은 어두워진다. 무대 뒤로 불켜진 빌딩의 불빛들과 별들, 붉은 달이 아련히 나타나는 동안 왈카는 사라지고 처음의 쓰레기장이 나타난다.
쓰레기들은 잠들어 있고, 그 쓰레기더미 옆에 있는 리어카에 양복 입은 신사가 걸터앉아 꾸벅꾸벅 졸고 있다.
음악은 여전히 계속되고 무대 끝에서 시름에 잠긴 새롱이가 등장한다. 음악이 끝날 무렵, 졸고 있던 신사가 잠든 쓰레기더미 위로 쓰러진다. 그 바람에 잠에서 깨어나는 쓰레기들. 하지만 다시 잠들거나 신사 위에, 밑에 짓눌린 채 잠을 청한다. 그러나 쓰레기들 중 깡통은 데굴데굴 굴러가다가 자신의 몸에서 나는 소리에 그만 잠이 깨고 만다. 깡통은 새롱이 발

앞에서 멈춘다.)

깡　　통　어? 너, 너 누구야?

새 롱 이　미안해. 내가 잠을 깨웠니?

깡　　통　에이 씨. 정말 좋은 꿈이었는데.

새 롱 이　어떤 꿈이야?

깡　　통　(경계를 하며) 너 또 날 놀리려고 그러지?

새 롱 이　아니야. 아깐 정말 미안했어.

깡　　통　그래? 내 꿈 듣고 싶니?

새 롱 이　응

깡　　통　난, 이상한 곳에 있었어. 여러 종류의 암석들이 잠을
　　　　　자고 있는 곳이었지. 나도 잠을 자고 있었어. 내 옆
　　　　　엔 전갈도 곰도 구렁이도 흰개미도 자고 있었어. 너
　　　　　무 따뜻하고 포근하고 달콤한 잠이었어…. 그런데,
　　　　　갑자기 우르르 쾅 하더니 세상이 갈라져버렸어… 그
　　　　　리곤 잠이 깬 거야. 거긴, 어딜까?

새 롱 이　정말, 어딜까?

(신사 밑에 깔려 신음하는 신문 뭉치. 몸부림친다.)

신문 뭉치　아 아. 숨막혀! 아아 ! 도와줘!

새 롱 이	(달려간다) 잠깐만 기다려!

(새롱이와 깡통이 신문 뭉치를 꺼내준다. 깡통이 내는 요란한 소리에 모든 쓰레기들 잠이 깬다.)

쓰레기들	누구야! 앙! 꿈이 깼잖아!
새 롱 이	꿈?
쓰레기들	그래 내 꿈 돌려줘!
깡 통	어어. 미안해.
새 롱 이	너희들 무슨 꿈들을 꾸었니?
신문 뭉치	숲 속에 있는 꿈을 꾸었어. 정말 멋진 나무였어.
피자 조각	들판에 있었어. 빽빽한 밀밭 속에 뻐꾸기가 알을 낳았어.
양배추인형	양배추들과 춤을 추었어.
깡 통	야! 굉장하다. 난 암석들과 잠자는 꿈을 꾸었는데.

(갑자기 신사가 잠든 채 운다. 쓰레기들, 신사에게 살금살금 다가간다.)

신 사	흑흑흑… 엄마 엄마… 엄마….
쓰레기들	(빙 둘러서서) 엄마?

새 롱 이 쉿! 조용히 해.

깡　　통 쉿! 조용히 해 (깡통 흔들거린다)

피자 조각 (깡통을 잡으며) 가만히 있어. 소리나잖아.

쓰레기들 쉬이이잇!

신　　사 (몸을 뒤척이며) 흑흑흑… 엄마 엄마…. 냠냠….

새 롱 이 엄마 꿈을 꾸나 봐.

양배추인형 엄마?

신문 뭉치 아! 엄마!

피자 조각 치! 엄마도 없으면서!

신문 뭉치 나 엄마 있어. 꿈속에서 봤다.

피자 조각 (건성으로) 그러니?

신문 뭉치 정말이다. 나는 작은 나무였지만, 내 옆에 큰 엄마나무가 있었다.

깡　　통 (몸을 흔들며) 아이, 참! 조용히 하라니까!

(깡통의 요란한 소리에 모두 움찔. 신사는 벌떡 일어나 앉고, 모두 놀라 뒤로 물러난다. 크게 하품을 하고 앉아서 조는 신사. 사이. 새롱이 살금살금 다가가서 신사 얼굴 앞에 손을 저어본다.)

신문 뭉치 자니?

피자 조각 (새롱이처럼 손을 저어본다) 갔어. 완전히 갔어.

새 롱 이 가엾은 아저씨. 왜 집에 가지 않고 여기서 주무실까.

깡   통 이렇게 큰 아저씨도 엄마가 보고 싶나봐.

양배추인형 (울상이 되어) 아! 엄마! ….

쓰레기들 (우울해지며) 엄마….

(무대 오른쪽에서 손수레를 끌고 등장하는 왈카.)

피자 조각 어머머머! 저건 뭐야?

새 롱 이 왈카야! (달려가 안는다) 미안해. 너가 사는 별로 가버
린 줄 알았어.

왈   카 괜찮아. 새롱아.

쓰레기들 장난감이야?

새 롱 이 내 친구를 소개할게. 왈카라고 데리마, 무슨 별이
지?

왈   카 데리마까세.

쓰레기들 데리마까세?

새 롱 이 외계인 친구야.

쓰레기들 외계인?

깡   통 너가 사는 별에도 깡통이 있니?

피자 조각 피자 있어? 나 같은 고급 정통 피자 말야.

신문 뭉치   일간지는 몇 개 정도지?

양배추인형   이런 특별한 머리 봤니?

새 롱 이   애들아. 왈카는 사랑을 찾아 지구에 온 거래.

쓰레기들   사아랑?

왈   카   으응. 나는 너희들이 좋아

쓰레기들   너희들?

왈   카   으응. 너희들. 너희들은 굉장히 멋있어.

쓰레기들   와하하하하.

(쓰레기들은 모두 데굴데굴 구르며 웃는다.)

왈   카   내가 뭘 잘못한 걸까.

새 롱 이   저애들은 너가 놀린다고 생각해.

왈   카   왈카는 너희들을 놀리지 않는다.

피자 조각   그럼, 증명해 봐!

양배추인형   그래, 보여줘.

신문 뭉치   너는 우리의 한쪽만 보고 판단했어. 사실, 우리는 너
가 생각하는 것보다 훨씬 멋있단말야.

깡   통   내가 말야. 지금 이렇게 찌그러져 있지만 말야 왕년
엔 반짝반짝 빛나는 몸이셨지.

양배추인형   내 머리도 곱슬곱슬 윤기가 자르르 흘렀어.

(모두 새롱이를 본다. 새롱이 고개를 가로젖는다.)

양배추인형　새롱이가 이상하다. 왜 잘난 척을 않지?

쓰레기들　정말 이상하다.

새 롱 이　너희들을 비난한 거 용서해줘.

양배추인형　아니야. 사실인 걸 뭐. 새롱아 너도 자랑할 게 있잖
　　　　　　아. 레이스 달린 치마가 얼마나 이뻤다구. 지금은 비
　　　　　　록 찢어지고 없지만.

왈　　카　바로 그거야. 너희들을 새것으로 만들어주는 거야.

새 롱 이　어떻게?

왈　　카　(박스에서 스프레이, 분무기, 드라이기 등을 꺼낸다) 어디있
　　　　　　지. 내 타임머신. 아. 여기 있다. (커다란 회중시계를 꺼
　　　　　　내든다) 이거야. 우리 별에서 내가 가지고 놀던 타임
　　　　　　머신이랑 똑같애.

피자 조각　애개? 겨우 그걸로 어떻게 하려구?

왈　　카　자, 소원을 말해봐. 한 가지만.

깡　　통　두 가지는 안 돼?

왈　　카　안 돼. 한 가지만. 백 프로 효과를 보기 위해서는 한
　　　　　　가지만.

양배추인형　정말 모두 예전처럼 돌아가는 거니?

왈　　카　응. 왈카는 사랑을 알고 싶어.

신문 뭉치   저, 왈카 양반. 부작용은 없을까?

왈   카   이 왈카를 믿는다면 부작용 없어요.

새 롱 이   왈카. 어떻게 하려는 거지?

왈   카   (새롱이의 손을 잡는다) 새롱아. 너가 울면서 떠날 때 나는 슬픔을 알았어. 누구나 사랑받지 못하면 슬퍼진다는 거. 그래서 네가 사랑받을 수 있도록 도와주고 싶어.

깡   통   바로 그거야. 내 몸에서 소리가 나지 않게 해 줘.

양배추인형   내 머리를 보글보글 볶아줘.

신문 뭉치   저, 난 어떻게 하지? 아무리 새것이 되어도 이미 지나간 신문인 걸.

새 롱 이   새 공책이 되면 되잖아요.

신문 뭉치   그거 괜찮은 생각이군. 좋아. 새 공책이 되게 해줘.

왈   카   너도 말해 새롱아.

(새롱이 침묵한다.)

쓰레기들   어서 말해. 새롱아.

왈   카   어서 말해. 어떤 시간으로 돌아갈래?

(새롱이 무리로부터 떨어져 나온다. 몹시 고민한다. 모두들 새

롱이가 말하기를 기다린다. 사이. 고개를 가로젖는 새롱이. 모
두 입을 벌리고 놀란다.)

모 두 들   싫어?

새 롱 이   인형은 싫어. 아무리 새 인형이 된다해도 금방 버려
           지고 말 거야.

쓰레기들   그럴 거야.

새 롱 이   한 가지 소원이 있지만 불가능할 거야.

피자 조각   말해봐. 말해봐.

깡   통   어서 말해.

양배추인형   네가 말하지 않으면.

쓰레기들   우린 아무것도 몰라요.

           (사이.)

새 롱 이   사람이 되고 싶어.

쓰레기들   사람? … 우와!

새 롱 이   사람이 되고 싶어. 나는 사람이 되고 싶어. 눈물을
           흘리고 싶고, 춤을 추고 싶고, 수영을 하고 싶고, 엄
           마를 갖고 싶어.

쓰레기들   와!

새 롱 이	이 몸속으로 피가 흘렀으면 좋겠어.
쓰레기들	와!
양배추인형	왜 사람이 되고 싶어?
새 롱 이	사람들은, 노래할 수 있어.
깡　　통	새들도 노래해.
새 롱 이	사람들은, 춤을 출 수 있어.
신문 뭉치	종이도 바람에 날리면 춤추지.
새 롱 이	사람들은, 엄마가 있어.
양배추인형	고양이, 늑대, 여우, 하마, 사슴, 토끼.
피자 조각	개구리, 독수리, 까마귀, 원숭이, 코끼리.
깡　　통	기린, 비둘기, 강아지, 송아지, 망아지도…
쓰레기들	엄마가 있어.
새 롱 이	그래도 사람이 되고 싶어.
쓰레기들	사람들은 나빠.
깡　　통	쓰레기들을 만들었어.
신문 뭉치	나무를 마구 베고.
피자 조각	강물을 시커멓게 오염시키고.
양배추인형	새들이 살지 못하게 여기저기 농약을 뿌리지.
쓰레기들	그래도 사람이 좋으니?

(새롱이 고민에 빠진다. 왈카는 부지런히 시계를 고친다.)

새 롱 이 (고개를 끄덕인다)

쓰레기들 아. 고집불통!

새 롱 이 사람이 되면 할 일이 있어.

쓰레기들 그게 뭐야?

새 롱 이 쓰레기를 버리지 않을 거야.

쓰레기들 암 그래야지!

새 롱 이 농약도 치지 않을 거야.

쓰레기들 암 그래야지!

새 롱 이 강물을 오염시키지 않을 거야.

쓰레기들 암 그래야지!

새 롱 이 또… 인형을 버리지 않을 거야.

양배추인형 암 그래야지! (다른 쓰레기를 쳐다본다. 쓰레기들 당황한다) 왜들 그래? 인형은 버려도 된다는 얘기야?

쓰레기들 (우울하게) 아 — 니.

양배추인형 날 봐! 난 멀쩡해. 이 뒷통수에 실밥만 터지지 않았어도 버려지지 않았을 거야. 인간들은 실하고 바늘은 뭣 하러 만들었나 몰라. 단추구멍만하게 터졌을 때 꿰매었더라면 이렇게 많이 터지진 않았을 거야.

쓰레기들 정말!

새 롱 이 하지만 사람들은 널 만들었잖아.

양배추인형 싫어! 사람들이 나의 창조주 하나님이니? 사람들은 나를 이 쓰레기더미 속에 영원히 썩히거나 활활 타는 불속에 집어넣을 거야! (새롱이에게) 그래도 사람이 좋아?

쓰레기들 (흥분하여 새롱에게 덤비듯이) 사람은 나빠! 사람은 나빠! 사람은 나빠!

새 롱 이 (뒷걸음치며) 어어 그러지마. 무, 무서워.

(새롱이 뒷걸음질치며 무대 끝으로 밀려난다. 쓰레기들은 계속 다가온다. 엉덩방아를 찧는 새롱이. 그때 신사의 호주머니에서 핸드폰이 울린다. 신사는 몸을 뒤척인다. 신호음이 멈춘다. 쓰레기들, 일제히 신사에게로 다가간다. 마치 덫에 걸린 호랑이에게 다가가듯이 조심 조심. 왈카는 여전히 연구에 몰두한다.)

쓰레기들 사람! 사람! 사람!

(쓰레기들은 신사를 중심으로 원을 그리며 빙빙 돈다. 갑자기 멈추는 쓰레기들. 신사에게 모두 덤벼드려는 순간, 핸드폰이 울린다. 깜짝 놀라는 쓰레기들 웅크린다. 크게 기지개를 켜는 신사, 주머니에서 핸드폰을 더듬어 꺼낸다.)

신　　사　여보세요?

다 운 이　(소리) 아빠. 다운이에요. 들어오실 때 새롱이 인형 사오세요. 새롱이 인형을 잃어버렸단 말예요.

(쓰레기들이 새롱이를 바라보자 두 손으로 얼굴을 가린다.)

신　　사　(졸리는 소리로) 꼭 새롱이 인형이라야 하니? 양배추인형도 많잖아.

다 운 이　(소리) 새롱이가 보고싶단 말예요.

신　　사　알았다 알았어. 아빠가 지금 회사에서 바쁘니까 다음에 또 전화해라.

다 운 이　(소리) 또 회식이에요?

신　　사　그래, 사장님이 아빠한테 근사한 저녁을 사주신다고 기다리신다.

다 운 이　(소리) 아빠 그럼 안녕히 계세요.

신　　사　휴! 이젠 더 이상 거짓말도 못하겠어.

깡　　통　왜 거짓말을 하지?

신　　사　(주위를 둘러본다) 왜? 거짓말을 하냐구? … (귀를 기울인다) 사장님이 날 쫓아냈어.

새 롱 이　앞으로 뭘 먹고 살아요?

신　　사　나도 그게 걱정이다. (갑자기 정신이 확 드는 표정으로 뒤로 벌렁 넘어졌다 일어난다) 어어어 너….

새 롱 이 (인사를 하며) 안녕하세요. 아저씨 새롱이에요. 일 년 전 크리스마스날 토이랜드에서 절 사주셨잖아요.

신　　사 (어리둥절하다. 팔을 꼬집어본다) 아! 이거 꿈은 아닌데.

쓰레기들 (신사의 흉내를 낸다) 아! 이거 꿈은 아닌데.

신　　사 어? 쓰레기들도 말을 하네.

쓰레기들 쓰레기?

신　　사 아. 미안하다. 쓰레기란 말이 기분 나쁘지?

신문 뭉치 저, 신사 양반. 저도 쓰레기 회원의 쓰레기지만, 쓰레기 쓰레기하면 듣는 쓰레기 기분이 영 좋지 않아요.

신　　사 아, 정말 미안해. 나야말로 쓰레기야. 인간 쓰레기. 죽도록 일했건만 회사에서 쫓겨났어. 어디에도 쓸모 없는 인간이야. 엉엉. (서글프게 운다)

피자 조각 울지 말아요.

양배추인형 사람들도 쓰레기가 될 수 있다니 믿어지지 않는 걸.

신문 뭉치 조용! 저 양반은 슬퍼하고 있어.

왈　　카 (조립한 빨간 리모콘을 들고 기뻐서 펄쩍펄쩍 뛰어온다) 됐 어! 드디어 성공이야! 너희들도 기뻐해! 맘껏 기뻐해

새 롱 이 왈카 조용히 좀 해.

신　　사 외계인 장난감인가?

왈　　카 너희들 새것으로 돌아갈 수 있어.

피자 조각	새것? 여전히 난 방부제 든 피자일 텐데 뭐.
왈　카	피자는 무엇으로 만들지?
피자 조각	그건 왜 물어?
신문 뭉치	밀가루, 양파, 치즈, 양송이 등등.
왈　카	간단해. 피자 조각 너는 밀가루, 양파, 치즈, 양송이 등등으로 나뉘어지는 거야.
피자 조각	으악! 피자 살려! (도망친다)
신문 뭉치	저, 외계인 양반. 내 근원은 어디인가?
왈　카	신문은 나무로 만들어졌으니까 나무로 돌아가는 겁니다.
신　사	근원? 꽤 유식한 말인 걸.
양배추인형	근원은 무슨 뜻이지?
신문 뭉치	근본으로 돌아간다는 뜻이야.
깡　통	나는 암석으로 돌아가는 거야.
양배추인형	애개? 그럼 난 양배추로 돌아간다는 거야? … 으악! (도망친다)
왈　카	잠깐! 다들 돌아와! 지금보다 나은 모습이 될 수 있어.
신　사	저, 너는 요술가니?
왈　카	나는 외계인 왈카예요.
신　사	울커.
왈　카	왈카왈카.

신　　사　울커울커. 나도 돌아갈 수 없을까?

왈　　카　몇 살로 돌아가고 싶으세요?

신　　사　사실 난 말이다. 솔직히 말해서 말이다. 거짓말 안보태서 말이다. 그래서 말인데 진심으로 말인데, 아기로 돌아가고 싶어.

모 두 들　아기.

신　　사　아기는 얼마나 행복하냐. 엄마가 사랑해주고 먹여주고 재워주고 안아 주지.

모 두 들　엄마….

새 롱 이　아저씬 엄마가 돌아가셨잖아요.

신　　사　그래서 말인데, 무덤 속에 누워 있는 엄마를 살려낼 수 없을까?

왈　　카　힘들어요. 하지만 할 수 있어요.

신　　사　엄마가 보고싶어. 엄마! 엉엉

깡　　통　또 울어.

신　　사　(갑자기 울음을 그치고) 안 돼! 아가가 되다니 말도 안 돼! 나는 아버지야. 빨리 일자리를 구해서 돈을 벌어야 해. 저 말이다. 취소다. 취소! 어디 좋은 아이디어가 없을까. 세상을 살아가려면 한 가지 재주는 있어야 하는 법. 나는 999대의 자동차를 팔았는데 9999대의 자동차를 판 사람한테 밀려났단다. 그 자는 영어, 일어, 중국어, 에스파니아어…. 부시맨 말까지 한다더라. 그러니까 말이다. 나를 적어도 10년만 젊게 해다오. 나도 열심히 외국어 공부를 할 테다. 또… 이거 말이다. 내 머리. (대머리를 쓰다듬으며) 텅 비어 있잖냐. 여길 수북이 채워다오. 이상이다.

피자 조각 와! 멋지다. 왈카. 내 몸에서 방부제를 제거해줘. 아니, 이 세상 모든 인스턴트 음식에 든 방부제를 제거해줘.

신문 뭉치 나를 영원히 재활용하도록 해줘. 세상 모든 나무를 위해서.

깡 통 나도 재활용하도록 해줘. 땅속의 암석들이 모두 편안한 잠을 잘 수 있도록 말이야.

양배추인형 거창한 것을 바라진 않아. 내 머리만 고쳐주면 돼.

왈 카 새롱이 너는 여전히 사람이 되고 싶니?

(새롱이 고개를 끄덕인다.)

왈 카 좋아! 모두 눈을 감으세요.

신 사 잠깐! 잠깐만! 내가 젊어지면 아내는 어떻게 되는 거지? 친구들은 또 어떡하지? 아! 복잡하다.

새 롱 이 무슨 좋은 방법이 없을까?

신문 뭉치 저, 이러면 어떨까. 우리 모두 새것이 되면, 누가 우리를 책임지겠어. 그러니 말인데 저 신사 양반이 우리 매니저가 되는 거야.

모 두 들 매니저?

신문 뭉치 그렇지. 우리는 신사 양반을 고용한 거야. 신사 양반은 우리를 쓸모 있는 곳에 보내서 돈을 버는 거야.

신　　사 좋아. 물건을 파는 일이라면 내게 맡겨.

왈　　카 모두 결정했습니까? 그럼, 작별인사를 해야겠군요. 이 에너지는 우리 별에서 1년 사용될 연료에너지에요. 그래서 오늘 사용하면 1년 동안 춥게 살아야 해요. 또 나는 곧바로 우리 별로 돌아가 겨울준비를 해야 합니다. 그럼 안녕.

새 롱 이 왈카. 아직 사랑을 구하지 않았잖아.

왈　　카 사랑? 눈에 보이지 않고 만질 수 없다는 걸 깨달았어. 하지만 마음 속에 있다는 걸 알아. (자기 가슴을 가리키며) 여기서 남을 위로해 줄 때 사랑이 생긴다는 걸 알아.

새 롱 이 (왈카의 목을 끌어안으며) 왈카. 사람이 안 되어도 좋아. 왈카별이 추위에 떠는 건 싫어. 고추나무와 새는 추워지면 얼어죽는단 말야. (눈물을 흘린다)

왈　　카 지구를 보면서 널 생각할게. 착한 인형 새롱아.

(갑자기 커다란 폭파음과 함께 빙글빙글 도는 우주선이 내려온다. 우주선은 커다란 물방울처럼 생겼다. 우주선의 문이 열리면 조용한 음악이 흘러나오면서 수많은 물방울이 솟아 나온다.)

왈   카 (리모콘을 준다) 아저씨. 이것으로 모든 쓰레기들을 고칠 수 있어요.

신   사 와! 굉장하구나. 그럼 계속 여러 번 언제까지나 쓰레기를 살려 낼 수 있단 말이냐.

쓰레기들 와!

새 롱 이 (결심한듯) 왈카. 함께 가고 싶어. 너가 사는 별에 가서 친구가 되고 싶어.

왈   카 언제까지?

새 롱 이 영원히.

왈   카 좋아. 고추나무도 새도 기뻐할 거야.

(왈카와 새롱이는 우주선에 뛰어오른다. 손을 흔든다. 우주선이 오르면서 빛이 쏟아지고, 쓰레기들은 모두 허물을 벗고 깨끗한 모습으로 변한다. 쓰레기더미 속의 쓰레기들도 기지개를 켜며 일어난다. 수많은 물방울이 무대 위로 피어오르면서 음악이 흐른다.)

왈카, 새롱이 안녕!

쓰레기들 안녕!

모 두 들 (노래하면서 무대 앞으로 나와 나란히 선다)

세상에 모든 쓰레기들에게 희망을
영원히 살 수 있는 행복한 꿈을 주세요
바람따라 냇물따라 구름따라 해를 쫓아
흐르고 흘러서 흐르고 흘러서 여기까지 왔네.
세상에 모든 쓰레기들에게 희망을
영원히 살 수 있는 즐거운 소망을 주세요
우루루루 우루루루 우루루루 우우우우
흐르고 흘러서 흐르고 흘러서 여기까지 왔네.
세상에 모든 쓰레기들에게 희망을!

(노래가 끝나면 모두 손을 들고 흔들면, 암전.)

― 막.

김윤미 희곡집 3

초판 1쇄 인쇄일   2006년 11월 20일
초판 1쇄 발행일   2006년 11월 24일

지 은 이   김윤미
만 든 이   이정옥
만 든 곳   평민사
           서울시 서대문구 남가좌 2동 370-40
           전화: (02) 375-8571 (代)
           팩스: (02) 375-8573
           http://www.blog.naver.com/pyung1976
           E-mail pms1976@korea.com

등록번호   제10-328호

ISBN 89-7115-470-5   03680

정 가   8,000원